A paixão de conhecer o mundo

Coleção
EDUCAÇÃO E COMUNICAÇÃO
Vol. 11

Coordenador
Jorge Wertheim
Guy de Almeida, Juan Diaz Bordenave
Roberto Átila Amaral Vieira
Argemiro Ferreira. Vanilda Paiva

A paixão de conhecer o mundo

Relatos de uma professora

Madalena Freire

14ª Edição

PAZ E TERRA

Copyright by
Madalena Freire, 1983

Capa e projeto gráfico
Diana Mindlin
Revisão
Maria Aparecida Bussolotti

1.ª edição: novembro de 1983

CIP-Brasil. Catalogação-na-fonte.
Sindicato nacional dos Editores de Livros, RJ.

Freire, Madalena.
F421p   A Paixão de conhecer o mundo: relato de uma professora / Madalena Freire
Weffort. — Rio de Janeiro: Paz e Terra, 1983.
Coleção Educação e Comunicação: v. 11)

Apêndice.

1. Educação pré-escolar 2. Inovações educacionais — Brasil 3. Pedagogia
4. Weffort, Madalena Freire I. Título II. Série

	CDD - 370
	372.21
	370.981
	CDU - 37.
	372.36
83-0554	37 (81)

Direitos adquiridos pela
EDITORA PAZ E TERRA S/A
Rua do Triunfo, 177
Santa Ifigênia, São Paulo, SP
CEP.: 01212
Tel.: (011)223-6522

2001

Impresso no Brasil/*Printed in Brasil*

A meus pais
com quem, desde
cedo, comecei a
viver essa
paixão de conhecer
o mundo.

E a Dani,
na lembrança forte
do seu sorriso, com
minha saudade
doída.

Da esquerda para a direita, a partir do alto: *Maurício, Madá, Juja, Madalena, Avana, Tula, Acauã, Dani, Tamara, Rogério, Emília, João e Vadico.*

Fotos: Julio Alberto Paveé

ÍNDICE

Carta Prefácio

Querida Madá

Birmingham, 10.11.82

    Você me telefonou de Cotia para Birmingham (que emoção!) me convidando para escrever um prefácio para o seu livro. Quando os textos chegaram, alguns que eu já havia lido, outros desconhecidos para mim, mergulhei no conjunto e saí da leitura com aquela sensação de repleteness *que Nelson Goodman diz ser um dos sintomas da experiência estética.*

    Seu livro é um objeto estético de um arredondamento estrutural que envolve e desenvolve. Põe o leitor na roda com você e as crianças. Vocês me carregaram para a roda como carregaram os pais das crianças e as visitas que apareceram na escola, os irmãos, amigos, etc., que iam ensinar a vocês aquilo de que gostavam.

    Fiquei sem vontade de escrever para este livro um prefácio. Medo de quebrar a gestalt *organizada que começa na roda e termina na roda. Como sua experiência pedagógica é baseada no campo de referências do seu grupo, no atendimento das necessidades das crianças para se desenvolverem reflexivamente e sensivelmente e, também, nas suas próprias necessidades de crescer como ser humano, mulher e professora, resolvi atender também às minhas necessidades, aqui e agora.*

    Estar longe dos amigos, do trabalho cotidiano da família, desenvolve uma fome de comunicação tipo século XIX: quero e preciso receber e escrever cartas. As palavras que me chegam envelopadas me asseguram que os afetos aí deixados permanecem em meus envelopes vão carregados de minhas garantias de amor.

    Por outro lado estou envolvida pelas cartas dos arquivos de Marion Richardson, onde pesquiso na sua correspondência a trilha da prática revolucionária desta arte-educadora.

    Portanto, meu campo de referência atual são as cartas. Resolvi, então, em vez do clássico prefácio, lhe escrever esta carta; se você quiser publicá-la, ficarei feliz.

    Seu livro não é o resultado de um, dois, ou quatro anos de trabalho, mas de um processo de evolução de seu pensamento pedagógico que começou há mais de dez anos na Escolinha de Artes de São Paulo. Lembro-me que foi você quem lançou a idéia, na Escolinha, de cada professor escrever todos os dias o relato de suas aulas e o mais minuciosamente possível. Aceita a proposta, você cobrava de todos nós. Confesso que levei algumas broncas suas. Agora você programadamente compartilha com seus

11

alunos esta prática, levando-os a sentirem a importância do registro da experiência, que é em si mesmo uma forma de avaliação. Você está bem acompanhada. Dewey e Vigotsky falam da necessidade de trabalhar a passagem da experiência direta para a experiência simbólica, e Vigotsky é ainda mais explícito quando valoriza a linguagem escrita, porque é mais cuidadosamente reflexiva que a linguagem oral.

Por outro lado, esta anotação da lição (palavra que você resgata do preconceito) é também um trabalho com uma das operações mentais, a memória, a qual você procura desenvolver da mesma maneira que outras funções mentais, como a imaginação.

Só que no seu livro a memória não é função bancária, mas fonte de informação que com freqüência vem a ser modificada pela imaginação.

Os relatos mostram que suas aulas são um jogo contínuo entre a imaginação e a percepção. É preciso ver o que está no meio ambiente, mas ao mesmo tempo o que poderia estar existindo.

Você estimula a imaginação das crianças para descobrirem o que querem e como querem o seu mundo exterior.

Por outro lado, em suas aulas não é só importante ver, ouvir, tocar, mas a contextualização destas sensações pela cultura, pela família, pelo grupo que está participando das descobertas sensoriais.

Caracterizaria seu trabalho como equilíbrio entre exploração e controle através da sensibilidade. A sensibilidade é capaz de relacionar estas duas formas de aprendizagem aparentemente conflitantes. Se a exploração é sensível, leva a formas de controle pessoais e apropriadas; se o controle é sensível, leva adiante a exploração pessoal.

Você desenvolve a sua sensibilidade e a das crianças através da consciência das emoções. Vê-se pelo seu livro que sua ação pedagógica deixa espaço para as expressões catárticas e reativas, mas há sempre uma preocupação em refletir sobre estas respostas emocionais. O subjetivo, a vida interior, navega em sua sala de aula mas não ao acaso. Vocês traçam o curso da navegação, as crianças inclusive ajudando você a traçar o seu. Lembro-me do menino lhe dizendo:—Calma, Madalena; quando você tentava interferir numa briga.

Sua prática não admite a distinção de valor ou de atitude entre emoções, sentimentos, pensamento, conhecimento. E a Arte é praticada e vista como uma forma de inteligibilidade das emoções.

Se a Arte não é tratada como conhecimento representacional, mas como "grito da alma", nós não estamos fazendo nem educação emocional nem educação cognitiva.

Lembro-me de que um dos românticos ingleses dizia: as Artes têm que ver com as emoções, mas não tão profundamente para resultar só em lágrimas.

O que você fez usando a dramatização para o parto e o livro de nus do Degas, para contrapor à Playboy *que apareceu na classe, foi educação emocional e educação estética.*

Sua atuação neste caso me fez lembrar de um relato auto-analítico de Peter Fuller. Ele conta em Art and Psychanalysis: *"Me interessei por pintura aos 7 ou 8 anos de idade. Meu pai tinha muitos livros de arte ilustrados e eu costumava folheá-los. Inicialmente havia só um elemento de investigação sexual do nu. Eu via muitas reproduções de arte, mas me impressionava principalmente por aquelas de mulheres sem roupa. No começo minha apreciação era acompanhada por algum sentimento de culpa: os livros pertenciam ao meu pai e eu não tinha permissão para olhá-los. O comportamento edipiano era tão transparente que é difícil comentar. Incorporação de imagens visuais é um dos meios pelo qual, da infância à velhice, nos apossamos através da fantasia daquilo que não podemos possuir na realidade." (...) "Mas, já havia em meu interesse pela Arte, naquele tempo, algo que Clive Bell identificaria como uma* rudimentar sensibilidade estética. Deixe-me explicar melhor. No começo eu não fazia muita distinção entre livros de medicina (meu pai tinha muitos também) e livros de Arte. Mas logo eu comecei a perceber o sentido de goodnes quando eu olhava, por exemplo, a reprodução de Rokeby Venus, que eu não sentia quando olhava os manuais de medicina". (...) "Não penso que isto se deve ao fato de que por se tratar de Arte eu me permitia ser indulgente com o meu inaceitável voyeurisme, isto é, ao fato de que olhar os livros de arte era menos ofensivo do que olhar os livros de medicina. Mas, apesar dos últimos serem mais específicos, em breve comecei a preferir os primeiros".

Sua maneira de lidar com os acontecimentos foi semelhante ao processo de desenvolvimento estético da criança Peter Fuller. Não houve em nenhum momento da aula negação do erotismo, mas a superposição da crua imagem sexual pelo despertar da sensibilidade estética para a forma sexualmente significante.

Vejo no seu livro o amadurecimento de um outro aspecto sobre o qual batalhávamos no nosso trabalho na Escolinha: a inter-relação de teoria e prática. Desiludidas das fáceis promessas espontaneístas do "deixar fazer", procurávamos teorias para embasar ou justificar nossa prática. Líamos cuidadosamente todos os livros que o "grande pai" enviava dos Estados Unidos e de Genebra. Ele nos introduziu a Merlau Ponty e Irena Wojnar e me lembro de que nos frustramos terrivelmente uma vez, porque não entendemos nada de um livro sobre Expressão, escrito por um chileno. O livro foi devolvido para Genebra intocado pelo nosso conhecimento. Naquele tempo tínhamos vergonha de não entender um livro.

No primeiro relatório (escrito há uns quatro anos atrás) deste seu livro, ainda há a preocupação de deixar a descoberto, enunciando claramente os pressupostos teóricos que foram seguidos. Já nos relatórios das aulas do ano passado, você transformou a moldura teórica naquilo que Robert Witkin, em The intelligence of Feeling, chama de significado existencial.

Você deglute, antropofagiza a teoria e permeia com suas proteínas a ação. Seu fazer de educadora está assim repleto pelo conhecimento de proposições e de predisposições do tipo perceptivo, sensorial, emocional e intelectual.

Deixo aos leitores o estimulante exercício de identificar os seus alimentos originais, isto é, as influências. Onde está Piaget? E Arnheim? E Herbert Read? E tem muito mais!

Foi muito estimulante ler o seu livro. Um grande abraço e muita saudade.

Ana Mae

P.S.: Incrível coincidência. Diana está fazendo o projeto gráfico do seu livro, ela que esteve ligada a nós, nos começos da Escolinha. Pois é, continuamos.

INTRODUÇÃO

Depois de um período de dúvidas, sem saber se deveria ou não publicar estes relatórios, decidi fazê-lo, fundamentalmente como tentativa de ampliar meu diálogo com outros educadores. No início, pensei em limitar o livro apenas aos relatórios de 1981, correspondentes ao período em que participei da equipe da Escola da Vila e de seu centro de estudos. A decisão de juntar os três anteriores, de 1978, quando trabalhava na Escola Criarte, nasceu da necessidade que senti de pensar a minha prática de educadora.

Só lamento é haver perdido um pequeno relato de 1970, tempo em que, trabalhando na escolinha de Arte de São Paulo, comecei minha formação com Ana Mae. Aquele relatório, mesmo precariamente, retratava minhas inquietações na procura embrionária da minha prática atual.

Os dois primeiros relatórios correspondentes ao período em que trabalhei na Escola Criarte retratam uma prática ainda presa a uma visão menos dinâmica, talvez mais fria, em que a preocupação maior estava em mencionar o eixo do trabalho, seus objetivos, etc. Neles, me parece hoje, como a vida mesma, se tropeça um pouco.

Foi a partir do momento referido no terceiro relatório que comecei a embrenhar-me, junto com as crianças, num mesmo fluxo de inquietações e buscas. Comecei a viver desde aí o processo educativo como um todo, inquieto, curioso, vital e apaixonado. É que, se a *prática educativa* tem a criança como um de seus sujeitos, construindo seu processo de conhecimento, não há dicotomia entre o *cognitivo e o afetivo*, e sim uma relação dinâmica, prazerosa de conhecer o mundo.

Quando se tira da criança a possibilidade de conhecer este ou aquele aspecto da realidade, na verdade se está alienando-a da sua capacidade de construir seu conhecimento. Porque o ato de conhecer é tão vital como comer ou dormir, e eu não posso comer ou dormir por alguém. A escola em geral tem esta prática, a de que o conhecimento pode ser doado, impedindo que a criança e, também, os professores o construam. Só assim a busca do conhecimento não é preparação para nada, e sim VIDA, aqui e agora. E é esta vida que precisa ser resgatada pela escola. Muito temos que caminhar para isso, mas é no hoje que vamos viabilizando esse sonho de amanhã.

É por isso que hoje publico estes relatos, este meu sonho, *possível* e *apaixonado*.

Madalena Freire
novembro de 1982

RELATÓRIO DE ATIVIDADES
1978

RELATÓRIO DE ATIVIDADES
1978 — Fevereiro, Março

Minha fundamental preocupação neste relatório é descrever algumas das atividades desenvolvidas neste mês e meio de prática, que revelam o espírito do nosso trabalho, dentro dos objetivos a que nos propomos.

Nosso grupo é constituído de 17 crianças com idades que se aproximam da faixa dos 4 anos.

O principal objetivo do nosso empenho está sendo o desenvolvimento do *grupo* como um todo, do que resulte que as crianças se descubram membros.

Tendo em vista esse eixo central, estabelecemos uma rotina de trabalho que tem como objetivo situar as crianças num espaço e num tempo definidos e concretos:

— *A gente vai para o parque* depois do lanche, não é?***
— *Já chegou a hora da mãe chegar?* (referindo-se à hora da estória)
— *Depois do parque é que vem a estória, não é?*
— *Já acabou a roda? vamos desenhar?*
— *Ficamos tanto tempo na roda que chegou até a hora do lanche.*

É através desta rotina que mais adiante trabalharei a estruturação espaço-temporal.

É importante desde logo salientar que, de maneira alguma, esta rotina é vivida de modo rígido, inflexível, durante o decorrer do dia. Muitas vezes as próprias crianças propõem a sua inversão, ou a professora, baseando-se na observação do grupo, propõe um outro tipo de encaminhamento para o dia, dentro ou não da rotina.

Temos iniciado geralmente nossas atividades às 8 e 30.

Nos reunimos, então, na sala, para nossa **conversa na roda.**

Às 9:00 horas desenvolvemos uma atividade coletiva, onde é lançada uma proposta de trabalho para o grupo, em qualquer área.

---

* As crianças chamam o quintal de parque.

* * A letra inclinada (itálica) corresponde à fala das crianças, e a letra normal à minha.

Às 10:00 horas lanchamos e em seguida vamos para o parque.

Às 11:00 voltamos à sala onde desenvolvemos atividades no *atelier*, objetivando a pesquisa individual com múltiplas opções:
- marcenaria
- modelagem-barro
- desenho
- colagem, etc.

Às 11:45, "hora de estória".

O que é a "hora da conversa na roda"?

Antes de iniciarmos nossas atividades nos sentamos em círculo e conversamos.

Esta conversa gira em torno de vários assuntos:
- novidades que trazemos para mostrar ao grupo.
- qualquer acontecimento que impressionou de algum modo uma criança.
- bichos para nosso "museu".
- o que vamos trabalhar hoje?
- o que combinamos ontem para fazer hoje?
- quem não veio à escola?
- quem veio? etc.

Esta é, principalmente, uma hora em que os elementos do grupo falam, dão suas opiniões, discordam ou concordam sobre qualquer assunto.

Uma das características do pensamento da criança desta faixa de idade (pré-operacional) é o egocentrismo.

Ela não consegue se pôr no lugar do outro, considerar seu próprio ponto de vista como um entre muitos outros e tentar coordená-lo com estes outros pontos de vista.

Segundo Piaget, é através de relações interpessoais repetidas, principalmente aquelas que incluem discussões e discordâncias, que a criança é levada a tomar conhecimento do outro.

A hora de "conversa na roda" vem sendo muito importante para as crianças deste grupo:

— *Hoje eu falei pro meu pai para vim cedo, pra hora da roda...*

— *Eu tenho uma coisa pra contar mas só na hora da roda...*

— *Cadê a roda?* (uma criança que teve um problema com outra veio à roda para falar dele ao grupo).

— *Eu trouxe um bicho pro museu que eu vou mostrar na roda,* etc.

Um outro dado importante da "conversa na roda" é a possibilidade de um conhecimento maior das crianças entre si, e da professora com relação a elas e vice-versa.

De fato, a professora também tem suas estórias (*essa é da sua vida, Madalena, verdadeira?*) alegres ou não, para contar.

O papel da professora, enquanto participante também, nesta atividade, é o de coordenar a conversa. É o de alguém que, problematizando as questões que surgem, desafia o grupo a crescer na compreensão dos seus próprios conflitos.

Por que atividade coletiva?

Através desta prática, que engloba o grupo como um todo, se pretende desenvolver com as crianças atividades em que a professora propõe uma forma qualquer de ação que, exigindo o esforço individual de cada membro, valorize a participação do grupo em lugar de negá-la.

Na verdade, é imperioso que as crianças, através de atividades concretas, vão percebendo, de um lado, a importância de cada uma, individualmente, na constituição do grupo; de outro, a importância do grupo para o seu próprio crescimento.

Assim, mais tarde, aos cinco, seis anos, deverão descobrir a força dos grupos e, aos sete anos, poderão compreender, ainda que intuitivamene, os grupos como organismos sociais regidos por leis próprias — criadas pelos seus membros.

Como e de onde surgem as atividades que são trabalhadas pelo grupo?

É procurando compreender as atividades espontâneas das crianças que vou, pouco a pouco, captando os seus interesses, os mais diversos. As propostas de trabalho que não apenas faço às crianças, mas que também com elas discuto, expressam, e não poderia deixar de ser assim, aqueles interesses.

Por isso é que, em última análise, as propostas de trabalho nascem delas e de mim como professora. Não é de estranhar, pois, que as crianças se encontrem nas suas atividades e as percebam como algo delas, ao mesmo tempo em que vão entendendo o meu papel de organizadora e não de "dona" de suas atividades.

Daí a importância de salientar este papel do professor como organizador. Organizador no sentido, porém, de quem observa, colhe os dados, trabalha em cima deles, com total respeito aos educandos que não podem ser puros objetos da ação do professor.

Foi a partir da observação de algumas crianças que trabalhavam no parque espontaneamente, com areia, mexendo uma "sopa venenosa" que surgiu a "sopa de macarrão". Voltamos à sala, devolvi em forma de estória o que tinha observado no parque, e no fim da estória perguntei se alguém já tinha feito uma sopa de verdade: (não?). E assim ficou combinado que no dia seguinte iríamos fazer uma sopa (de macarrão), e gritaram: "sem veneno", para tomarmos.

1 — Sopa de macarrão "sem veneno".

Antes de começarmos a trabalhar pesquisamos os legumes em

sua forma, cor e tamanho.

E também formas que nos lembram este ou aquele legume. Por exemplo:

— a vagem *parece uma banana magrinha.*

— dois tomates e uma vagem *é uma cara.*

— batatas, *bolas,* etc...

Tendo como objetivo trabalhar movimentos que exigissem um maior controle manual, propus que picássemos os legumes o mais possível, utilizando a **faca e as mãos.**

Picamos todos os legumes e o macarrão com todo o cuidado... e levamos ao caldeirão da nossa "sopa sem veneno".

No final do dia tomamos a sopa, em volta da nossa toalha, relembrando todos os passos do nosso trabalho até aquele instante.

2 — Da observação de algumas crianças que tentavam andar equilibrando-se numa das muretas do parque da escola, foi lançada, no dia seguinte, ao grupo uma atividade organizada cujo objetivo era explorar situações que exigem equilíbrio.

Nossa sala virou então uma "pista" de equilíbrio. No decorrer da atividade os obstáculos eram transformados, aumentando as dificuldades.

Posteriormente foram pesquisadas partes do corpo onde podíamos equilibrar objetos:

— *Olha como meu braço equilibra meu copo!*

— *Meu pé até equilibra minha lancheira... etc.*

— *Madalena, vamos fazer esse suspiro* (da receita) *cor-de-rosa?*

E assim ficou combinado que no dia seguinte iríamos fazer suspiro **cor-de-rosa.**

Essa atividade teve como finalidade constatar, passo a passo, as "transformações" de estado que iam ocorrendo.

1 — Primeiramente procuramos localizar na sala uma tomada para ligarmos a batedeira. Encontramos a tomada, ligamos a batedeira e observamos como funcionava, o que acontecia quando mexíamos no botão das variações de velocidade, etc.

2 — Separamos a clara da gema, observamos seu estado líquido, e sua cor clara, para depois começarmos a bater na batedeira.

— *Chi, Madalena, está virando espuma!*

— *Parece espuma de mar...*

— *Como é possível? Está virando espuma? Mas por que?*

— *É porque a batedeira está mexendo com isso aí* (referindo-se às hélices da batedeira).

— *Mas, um dia minha mãe fez com aquilo que bate, bate, e virou espuma igual.*

— *Está ficando dura!*

— *Com o açúcar ficou mais mole.*

— *Põe mais açúcar pra ficar mais dura!*

— *Ficou cor-de-rosa com a gelatina!*

— *Igual à massa vermelha que a gente fez...*

— *Só que aquela a gente não podia comer... essa pode...*

Nestas alturas podíamos até virar a panela que o suspiro não caía... Pus na mão de cada criança um pouco de "massa", e rapidamente inverteram a posição da mão, e a massa não caiu... Foi uma sensação!

— *Será que tem cola nessa massa?*

— *Não... é que grudou com o açúcar...*

— *Acho que a clara tem uma colinha, sim!*

— *Não, é que ela se equilibra...*

— *É que ela ficou dura, ora...* (na verdade queria referir-se à mudança de estado).

3 — Pusemos a massa num saco plástico com um pequeno orifício na extremidade de onde a massa, quando pressionada, saía lentamente, e assim a proposta foi:

— Assim como a gente desenha com lápis, caneta, carvão, etc., agora vamos desenhar com a massa de suspiro dentro deste saco.

Cada criança "desenhou" seu suspiro na assadeira que foi saboreado depois ao som de quase um coral de vozes: — *hum... hum... hum...*

LANCHE

Nosso objetivo nesta "hora de lanche" é reunir as crianças de modo coletivo à volta de nossa toalha (que uma das crianças nos trouxe) onde possam conversar, cantar enquanto comem, etc.

Principalmente que o lanche não esteja somente vinculado "à minha lancheira", mas sim ao momento agradável em que comemos juntos.

Visando trabalhar "o meu lanche", "não te dou", "é meu", propus que tivéssemos um prato onde colocariam parte do lanche que não quisessem para *ser de todo mundo*. E assim ficou denominado "o prato do lanche de todo mundo".

O prato é sempre colocado no centro da mesa e rapidamente está cheio para ser distribuído entre todas as crianças.

PARQUE

É importante ressaltar que o "parque" não é um tempo de recreio isolado da dinâmica do trabalho, sem atuação do professor. Na verdade o "parque" nos oferece, pela sua riqueza de variedade de interesses, pela heterogeneidade de idades, uma diversificada observação para a elaboração das atividades a serem desenvolvidas com e pelas crianças.

Tendo em conta tudo isto, estamos desenvolvendo no "parque" algumas atividades, a partir de interesses, de alguns grupos, que chegam a interessar às demais crianças da escola. Uma em torno do fogo, outra em torno de construção na areia, já foram realizadas.

A primeira foi desenvolvida na lareira da escola.

Antes da atividade propriamente dita, três classes trabalharam, em suas salas,

- amassando,
- rasgando,
- cortando,
- torcendo e ainda dobrando e embrulhando jornal para ser lançado ao fogo.

Todas as classes da escola, com excessão co maternal, reuniram-se ao pé da lareira para observar o fogo: suas cores que variavam com a mudança de material, a fumaça saindo pela chaminé.

A segunda, foi desenvolvida em várias etapas:

a) Transportar a areia de um espaço do parque para outro.
b) Tingir esta areia com tinta.
c) Construir na areia.

Esta prática foi muito importante para todos os grupos: os maiores foram requisitados para ajudarem os menores a transportar areia e os menores enriqueceram seu universo de representação através da construção na areia, com o trabalho juntamente com os maiores.

Por que atividade de pesquisa individual no atelier?

Este é o tempo para as pesquisas individuais. É aquele onde as crianças escolhem que tipo de ação querem desenvolver, não importa em que área de expressão, e o que pesquisar, sem propostas específicas lançadas ao grupo.

Este é um momento muito importante, pois nele a professora tem condições de trabalhar as necessidades individuais, específicas de cada criança, ao nível dos interesses ou das dificuldades.

É durante esta atividade que a professora colhe dados para a elaboração de atividades planejadas a serem desenvolvidas pelo grupo.

Hora de estória:

A "hora de estória" terminou por constituir-se num indicador de tempo: *está perto da hora da mãe chegar.*

Atualmente a hora da estória está tão relacionada com "minha mãe vai chegar" que, num dia de muito trabalho, quando não tivemos tempo para a "hora de estória", alguém comentou: *uai! não teve estória? — a mãe não vai chegar...* risos.

O que é o "museu"?

A pesquisa da natureza e da realidade em geral é feita através da atividade do museu.

Temos uma prateleira num canto da nossa sala onde *tudo* o que nos interessa: bichos, pedras, areia, plantas, ferramentas, parafusos, carros de brinquedo, madeiras, enfim, tudo o que chama atenção das crianças é guardado (documentado). Isto é o nosso "museu".

É através de atividades de pesquisa, de manuseio de objetos que possuem atributos distintos que as crianças deverão conquistar, aos seis, sete anos, critérios (observados e trabalhados por eles) de seleção para a organização (classificação) das coisas.

Por que Jogo Simbólico?

Quando uma criança brinca, joga ou desenha, ela está desenvolvendo a capacidade de representar*, de simbolizar. É construindo suas representações que as crianças se apropriam da realidade.

É através do jogo simbólico, do "faz-de-conta", que a criança assimila a realidade externa — adulta — à sua realidade interna.

No nosso grupo, um jogo vem predominando desde o início do semestre: "brincar de casinha". Os papéis são bem definidos e claros: mãe, pai, tia, neném, empregada, filho mais velho, gato e cachorro.

O espaço onde se dá o jogo, geralmente, é o terraço da nossa sala.

Outras vezes, segundo o número de participantes, o jogo vem para dentro da nossa sala.

Geralmente o jogo acontece depois do "parque".

Por que trabalhar a representação como instrumento de comunicação?

É construindo representações, símbolos, que a criança registra, pensa e lê o mundo. Curiosa em saber que objetos dentro da nossa rotina representavam, simbolizavam cada uma das nossas atividades, iniciei uma pesquisa de que objetos estavam mais carregados de significado, para as crianças.

— *Pega o lixo! Pega o lixo! Tá na hora do lanche.*

— *Mas cadê o lixo? Tá na hora do lanche, uai!...*

— *Você pegou o lixo?! Tá na hora do lanche?*

Estava claro que o lixo significava para todos a hora do lanche. Assim todos os dias, na hora do lanche, eu pegava o lixo e punha em cima da mesa, e perguntava: — está na hora de alguma coisa?

— *Do lanche!*

(e corriam para pegar a lancheira)

No parque, de modo geral, as crianças me pediam que guardasse pedras, folhas, formigas, agasalhos, sapatos, etc.

Daí combinamos levar conosco um grande saco em que elas mesmas iam pondo seus achados.

(*) A propósito de representação ver Piaget, *Psicologia da Criança - Função Semiótica.*

Assim, sempre que pegava o saco:

— *O parque! Vamos para o parque!*

— *Tá na hora do parque!*

— *Olha o saco! Tá na hora do parque!*

Um dia, depois de um pic-nic, pus todas as lancheiras em cima da nossa toalha e fiz uma trouxa. Pararam espantados, os olhos grudados na trouxa.

— *Uma trouxa...(?!)*

— *Parece uma bolona!*

— *Ai, que pesada!*

— *Todas as lancheiras tá aí?*

— *Vamos, vamos levar!*

— *Ajuda, ajuda! Senão, não dá!*

— *Vamos levar lá pra sala.*

Uma verdadeira euforia, a trouxa sendo carregada numa espécie de procissão pela escola adentro. Desde esse dia o saco perdeu o seu sentido, seu significado, e a trouxa passou a representar a hora do parque.

— *Cadê a trouxa?*

— *Hoje não tem trouxa?!*

— *Olha a trouxa, vamos para o parque.*

— *Está na hora do parque, olha a trouxa.*

Na hora da conversa na roda sempre se falava sobre como estava o dia, se estava chovendo, se fazia frio, se tinha sol. Um dia, uma criança começou a desenhar, no chão, um sol — representando como estava o dia. No dia seguinte dei giz para todos. Relembrei o desenho daquela criança do dia anterior, e perguntei:

— Como está o dia hoje?

— *Tá com sol?*

— *Eu vou fazer meu sol...*

— *Já fiz o sol!*

Assim, diariamente começamos a desenhar com giz no chão como estava o dia. Até que certa vez, alguém me pediu papel e lápis porque não queria que o seu sol fosse apagado. As demais crianças também não queriam que seus desenhos fossem apagados, e assim ficou combinado que marcaríamos como estava o dia *no papel.*

Depois que cada um marcava, desenhava como estava o dia, todos os desenhos eram afixados na porta de um pequeno armário, que temos na sala. Se o tempo mudava, novos desenhos eram feitos e lá colocados.

No início da conversa na roda, sempre víamos quem chegou e quem faltou. Quem não tinha chegado era simbolizado pelas crianças por qualquer objeto ali disponível, e era posto no meio da roda, e se por acaso a criança chegava mais tarde, o objeto era automaticamente retirado.

— *Ele era esse lápis.*
— *Marca ele com essa caixa de fósforo.*
— *Chegou ele! Tira! Tira!*

Um dia, porém, alguém quis fazer a sua *própria marca para dizer que tinha chegado...* Daí, dei papel e lápis e uma folha grande, pois se alguém mais quisesse fazer sua marca tinha espaço suficiente.

A partir desse dia, todos quiseram fazer "sua marca pra dizer que tinham chegado"...

Deste modo a marcação de quem ainda não tinha chegado também passou a ser simbolizada no papel.

— *Onde está a folha e o lápis para marcar quem veio e quem não veio?*
— *Eu vou fazer um bem grandão!*
— *Não, eu vou fazer eu bem comprido!*
— *Madalena, você não chegou? Cadê sua marca?*

(depois que todo mundo faz sua marca, eu "leio" as marcas de cada um, e vou chamando um por um. Quem eu vou chamando faz qualquer movimento com alguma parte do corpo, para eu saber que está mesmo ali).

A hora do lanche e a hora do parque que até então estavam sendo representadas pelos próprios objetos foram marcadas (tirando seu contorno) no papel.

— *Faz a marca do lixo, pra dizer que é a hora do lanche!*
— *E a trouxa! Faz a marca da trouxa!*

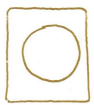

e assim a hora do lanche está representada
pela marca do lixo

e a hora do parque pelo
contorno da trouxa.

Na hora do lanche, o símbolo do lanche é afixado na porta do armário, e depois quando vamos para o parque, afixamos seu símbolo correspondente.

RELATÓRIO DE ATIVIDADES
1978 — Abril, Maio, Junho

Nesta faixa etária dos quatro anos o pensamento caracteriza-se por centrar-se em determinados aspectos da realidade, sem conseguir abstrair algo que neles está contido. Fundamentalmente, o pensar se encontra estritamente ligado ao concreto.

A criança pensa, agindo concretamente sobre os objetos. Ela opera, pensa a realidade transformando-a, e cada vez mais este pensar vai deixando de se apoiar no concreto. A criança vai interiorizando, abstraindo suas ações sobre a realidade. E a partir dos sete anos, pouco a pouco, a criança vai podendo captar o que se acha aparentemente "escondido" no concreto, vai podendo perceber mais além dos objetos em si; as relações entre eles. É então que ela é capaz de pensar abstratamente — ou seja, operar a realidade mentalmente.

É importante ressaltar que é através da ação, do testar, do usar suas capacidades, que o pensamento se desenvolve.

Outro fator importante é que esta ação seja compartilhada, seja dividida, em conjunto, com outras crianças. Neste sentido tentarei desenvolver este relatório, tendo como eixo central a organização do grupo nos seus vários níveis.

No início do ano, o grupo como tal não existia, nem a sua organização se achava sequer anunciada.

Durante os dois primeiros meses eu fui a figura catalisadora que tinha "as rédeas na mão" — apertando aqui, afrouxando ali...

Havia muitos grupinhos compostos de duas, três crianças, o que dificultava o trabalho do desenvolvimento do grupo como um todo.

Comecei então um esforço individualizado com cada criança, objetivando a ampliação de suas relações de amizade dentro do grupo, explorando todas as situações que envolviam o grupo como um todo

29

(hora do lanche, hora da conversa na roda, hora da estória) e cada participante deste, como elemento decisivo dentro deste grupo.

Aos poucos foram percebendo que, para trabalharmos juntos, alguns limites à ação individual se faziam necessários: não pode subir na mesa, não pode pisar na nossa toalha de lanche, etc.

Outra descoberta deste período foi a força que cada um tinha como elemento do grupo — *este lápis não é só seu, é meu também, é de todo mundo; é minha vez de falar* (na hora da conversa na roda), *você já falou, agora sou eu; você pensa que manda em tudo... você manda na sua casa* (distinção entre casa e escola, que também foi bastante trabalhada por mim, objetivando as diferenças de relacionamento e comportamento).

A esta altura, o meu papel de professora já era outro bem distinto ao do início do nosso trabalho. A figura catalisadora, que foi necessária no início, já perdia sua função, dando lugar a uma professora-organizadora das atividades, sistematizando, através destas, a prática espontânea das crianças.

Nesta etapa, quando o grupo estava minimamente estruturado, comecei dividindo as responsabilidades, que antes só a mim cabiam, com o grupo. Assim, ao invés de carregar a trouxa no parque, carregando os "achados" e "pertences", comuniquei ao grupo que a partir daquele momento a trouxa ficaria em cima de um dos bancos do parque, e quem quisesse guardar qualquer coisa fosse lá e guardasse.

O mesmo aconteceu com nossos materiais: quem usar a caneta, não esquecer de tampar e guardar; quem usar o martelo, devolvê-lo ao mesmo lugar, os pincéis guardados na água, nossos livros de estória na livraria (um caixote que tem seu lugar estabelecido no espaço da sala), etc.

Meu objetivo foi dar meios às crianças de exercerem, conquistarem sua responsabilidade, diante dos nossos materiais, do trabalho, e principalmente, também, sua independência em relação a mim.

A partir de então, fim do primeiro semestre, as solicitações se tornaram quase nulas, e dia a dia cresceu o interesse em combinarem o que poderíamos fazer no dia seguinte — assumirem sua própria organização.

Outra fase importante deste período foi a descoberta do que pertence e do que não pertence ao grupo. Nossos materiais, por exemplo, *esta caneta é nossa, cadê o nosso lixo* as crianças que são do **nosso** grupo, etc. Contudo, esta descoberta era, ainda, nesta etapa, algo **externo** à própria ação das crianças. Algo que não tinha, ainda, sido operado, articulado, vivido por elas na ação.

Nessa etapa, este **nosso** era **falado** e atualmente ele é vivido, feito, através da organização do trabalho delas próprias — "vamos fazer a marca da **nossa classe,** nos nossos bancos pra ninguém pegar"...

— *Olha a marca da fila* (para lavar as mãos antes do lanche), *não é pra ninguém sair da marca...*

— *Eu vou arrumar hoje a mesa do nosso lanche.*

A partir do segundo semestre, tendo como objetivo proporcionar um maior domínio dos materiais, para que as crianças pudessem manipular com facilidade os materiais a que normalmente têm acesso, algumas mudanças na organização destes e do espaço da sala foram feitas.

Os materiais da marcenaria foram pendurados e marcados seus contornos, as pastas de cada criança foram penduradas em uma das paredes da sala em altura acessível para que cada criança pudesse guardar seus desenhos, responsabilizar-se pela sua pasta, tendo, assim, constantemente uma visão dos seus trabalhos (*eu vou desenhar... minha pasta está magra... eu hoje vou arrumar minha pasta*), nossos brinquedos foram guardados numa prateleira (numa caixa de maçãs) juntamente com nossos instrumentos de música e nossa "livraria" (o caixote onde guardamos nossos livros) foi posta em cima de uma mesa.

Com estas mudanças, o desafio passou a ser: manter a organi-zação dentro das atividades.

— *Olha, está faltando um martelo...*

— *Caiu uma pasta...*

— *Cadê a livraria? Tiraram do lugar...*

Esta organização dos materiais desencadeou no grupo uma preocupação especial pela organização em geral, pela organização das atividades, pela organização da fila para lavar as mãos antes do lanche, pela limpeza da mesa depois de trabalharmos com tinta, pela organização do nosso "horário" de trabalho — onde anotamos todas as atividades que vamos desenvolver, etc...

Com estes dados meu objetivo foi trabalhar a sequência espaço-temporal, dentro desta preocupação pela organização por parte do grupo. A concepção de tempo que uma criança de quatro anos possui é ainda bem precária, ela não consegue entender o tempo como uma linearidade de acontecimentos, através da qual os eventos ocorrem numa sequência ordenada, ou seja, elas não operam a sucessão, a ordem temporal e a duração.

Para elas o tempo é algo formado de "blocos" estanques:

Hora do lanche, hora da marcenaria, pedaços de tempo, sem uma sequência ordenada entre os acontecimentos. A noção de tempo se encontra muito pouco coordenada neste período.

Deste modo, em todas as ocasiões em que planejamos o que vamos fazer no dia seguinte, lhes peço que documentem, anotem no papel, através dos contornos dos objetos, para que não esqueçam, e pendurem num lugar bem visível da sala.

Registrar, desta maneira, no papel o que vamos vivendo, documentando assim a prática diária, é a meu ver, um dado muito importante do nosso trabalho. É preciso, na verdade, que as crianças percebam gradualmente que o contorno dos objetos é um indicador da ação que vamos desenvolver mais tarde. É preciso que percebam que estamos fazendo com os objetos desenhados uma escrita antes daquela em que usaremos as palavras. E que já estão lendo!

No dia seguinte completamos as outras atividades do dia, por exemplo:

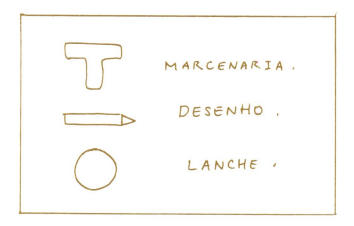

Assim temos as etapas de trabalho de um dia documentadas na sua seqüência ordenada. A medida que terminamos cada atividade, voltamos ao planejado e riscamos com um traço o que já foi feito, vivido.

Ir marcando concretamente, através dos contornos dos objetos, o tempo em que estamos juntos, terminou por levar as crianças a perceberem que práticas distintas se davam em momentos diferentes e todos eles ligados entre si, numa seqüência temporal que constituía um dia de atividades na escola.

— *O lanche... já chegou a hora do lanche* (olhando na programação o que já tínhamos feito).

— *Se não voltarmos logo do parque não vai dar tempo de ouvir estórias...*

— *Está na hora de acabar o parque?*
— *Está cedo ou tarde?*
— *Agora vem desenho e casinha...*

O fato de terem fixado no papel, com esse tipo de escrita, o trabalho a ser desenvolvido, lhes proporcionou um domínio bem maior da própria organização. Ao terem "nas mãos" o planejamento diário do próprio trabalho, de sua organização, mudou a dinâmica do grupo. A partir deste momento o grupo ganhou um outro ritmo. Um ritmo extremamente organizado, tranquilo e produtivo.

— *Deixa eu ver o que é (que vamos fazer) agora...*
— *Já decidi, vou fazer marcenaria.*
— *Acho que vou fazer as duas coisas, desenho e barro.*
— *Pára, agora não faz barulho que está na hora de trabalhar...*

Não será demasiado insistir na importância, para as crianças, de se sentirem autoras, com a professora, da programação de nossa atividade. Por outro lado, a importância também de perceberem o que estão fazendo e o que deixam de fazer na programação geral. É exatamente esse tipo de vivência que as leva a reprogramar a programação já feita.

— *A gente nunca mais brincou de "casinha"...*
— *Nem fez baralho.*
— *A gente precisa arrumar essa sala para poder ter jogo de futebol, amanhã.*
— *E "instrumentos"?* (música) Nunca mais a gente tocou...*

Depois desse trabalho, de que resultou a compreensão temporal de um dia de atividade, observei nas crianças uma necessidade de planejarem nossas atividades para o dia seguinte. Comecei então a trabalhar com elas os dias da semana. Os "dias em que tem escola" e os "dias em que não tem escola".

Neste instante fiquei em dúvida de como operacionar proposta tão abstrata. Na verdade nada de concreto me ocorreu — o que não se deu com as crianças — que representasse os dias em que "tem escola" e os em "que não tem". Mesmo assim fiz o teste: Como é que a gente vai marcar, desenhar, os dias em que "tem escola" e os em que "não tem"?

Silêncio no início, olhares que se cruzam, e de repente alguém teve uma idéia:

— *Faz uma bola, pra quando tem escola.* (Talvez lembrando-se mesmo da hora do lanche, como algo de concreto.)
— *Mas isso é a nossa marca do lanche...*
— *Então pinta a bola...*

E assim os dias em que "tem escola" ficaram simbolizados pela "bola pintada".

— *E os dias que não "tem escola"?*
— *Só se fizer um pau (retângulo) de marcenaria?*

* De modo geral, quando se referiam à música usavam a palavra "instrumento".

— Também pode ser um palito.
— Pinta ele para ficar igual à bola...

Deste modo a "bola pintada" é o dia em que "tem escola" e o "pau pintado" é o dia em que "não tem escola".

Os dias da semana, de segunda a domingo, são desenhados marcados numa única folha, a cada segunda feira;

e todos os dias, antes de começarmos a trabalhar, vamos ver se é mesmo dia de escola... Assim, todos os dias passamos um traço no dia em que estamos.

Tenho sempre a preocupação de a segunda-feira continuar no mesmo papel do domingo, iniciando outra semana.

Alguns já perceberam a série que se repete (bola, bola, bola, bola, bola, pau, pau, bola, etc...).

— Vai começar tudo outra vez...
— É igual, né?

Outra curiosidade que a marcação dos dias da semana desencadeou foi descobrir, **contar,** quantos dias de escola temos e quantos dias faltam para sábado e domingo.

— Puxa... só tem duas bolas pra chegar sábado... eu vou viajar.
— Só tem mais um dia... depois eu vou pro sítio.
— Chi... acabou (a semana) *os dias da escola...*
— Hoje é o último dia que tem escola... e só dois que não tem.

A marcação dos dias em que tem escola vem proporcionando, da mesma forma que a programação das atividades do dia, um maior domínio da própria organização e do tempo vivido.

— Tem que combinar (o que vamos fazer no dia seguinte) *e pendurar* (na bola pintada correspondente ao dia seguinte) *senão não dá.*

Nesta altura, gostaria de sublinhar como a minha participação nesse processo me fez também mudar. Como descobri uma nova significação para o ato de organizar.

Foi assim que percebi que o espaço de trabalho, os materiais, sua disposição, tudo isto estava de fato **desorganizado,** antes da participação direta das crianças. E estava pela inadequação à nossa prática comum. E deste modo refizemos tudo. Reorganizamos prateleiras, redispusemos os materiais mais usados deixando tudo ao nível de um acesso direto às crianças.

Parece-me interessante observar como, a partir de uma participação direta comigo na reorganização e na organização do nosso espaço pedagógico, as crianças começaram a ser mais exigentes com relação ao meu papel no esforço organizador.

— *Por que você não arrumou todas as cartas do baralho, antes de começar o jogo?* (referindo-se ao fato que eu estava procurando algumas cartas do baralho na hora do jogo).

— *Madalena você não lavou a mão...*

E papel para desenhar, você não cortou?

Estas observações nos levam ao mesmo ponto que abordei no relatório anterior sobre a relação criança-professor, educando-educador, juntos no mesmo processo de buscas e conquistas.

Tanto as crianças como eu, buscamos, conquistamos uma organização própria dentro do nosso trabalho.

— *Madalena, você está lélé* (porque combinei algo para sábado) *escola amanhã?* (apontando-me para o símbolo de sábado...)

Hoje vai ter vela com lápis de cera, já tá combinado, olhe ali (apontando para a programação pendurada do dia).

Uma atividade dentro deste mesmo objetivo de seriar, que vem sendo desenvolvida desde este período, foi a partir do interesse pela bola de papel de alumínio (que estamos fazendo deste o primeiro semestre, aproveitando o papel alumínio dos lanches).

No início tínhamos só uma bola que foi atentamente observada em seu crescimento diário:

— *Todo dia ela cresce... nunca vai parar?*

— *Só quando acabar o papel alumínio...*

— *Deixa eu ver se ela tá pesada; Tá leve?*

Esse foi o primeiro desafio:

— *Como pode? Se nossa bola de papel alumínio é maior que a bola de meia, e ela* (de papel) *é mais leve???*

Silêncio e olhares meio perplexos que até hoje persistem sem respostas...

Um dia alguém que não conseguiu "pregar" o papel alumínio na "bolona" fez uma outra bola, que foi de imediato batizada como "a filha da bolona".

— *Nasceu... nasceu a filha da bola...*

A partir daí os "nascimentos" não cessam. Todos os dias temos uma bola a mais para a nossa "coleção de bolas", que são associadas à idéia de família em que a "bolona" é o pai; a subseqüente, a mãe, e depois os filhos.

Diariamente, na hora do lanche, as bolas são manipuladas e arrumadas segundo uma ordem decrescente de tamanho.

Tenho desenvolvido neste horário um trabalho individualizado, pedindo que cada um "arrume" do seu jeito as bolas.

Deste modo venho sistematizando esta manipulação diária, com cada criança, lançando desafios: Lembra? Essa bola não estava aqui ontem, você tinha posto ela perto daquela, etc...

O nosso envolvimento, o das crianças e o meu, neste tipo de prática, termina por nos ensinar, a mim e a elas, intensamente.

A mim por exemplo, me vem proporcionando o aprendizado de uma coisa óbvia — as crianças podem criar o seu próprio "material didático", no fundo os seus brinquedos.

Foi nesta convivência com elas que observei um interesse, por parte de algumas, em fazer as distinções de funções dentro da escola.

— *A Osmália (que trabalha na produção de materiais da escola)* *cuida dos brinquedos, das latas, lá na garagem...*

— *A Cida fica lá naquela sala que a gente dá as cartas* (secretaria).

— *A Maria limpa o parque.*

— *E a nossa classe também.*

Creio que este interesse corresponde à preocupação atual do grupo de dominar a organização de seu dia de trabalho, dentro do tempo em que estamos juntos. Ou seja, foi pela descoberta da própria organização que chegaram à descoberta da organização funcional da escola.

A partir daí venho trabalhando, objetivando a pesquisa desta organização no sentido de lançá-las em contato com estas outras pessoas que atuam na escola.

Assim, quando uma criança necessita de algo que não se acha entre os materiais básicos que temos na sala, ela vai à Osmália na produção, **com um bilhete meu,** e resolve o seu problema.

Por isso mesmo, é que tudo que se refere à produção e ao trabalho em si da Osmália é comunicado ao grupo. Por exemplo: a produção, por acúmulo de materiais, teve que "fechar suas portas" às crianças, para melhor organizar seu espaço, durante uma semana.

Esta medida foi previamente comunicada às crianças e feita conjuntamente com elas uma lista de materiais de que necessitaríamos durante o tempo em que se achasse fechada a produção.

Durante esse período acompanharam o trabalho de arrumação realizado na Produção. Alguns foram até lá acompanhando de perto o que se fazia.

A Maria, a faxineira, é invariavelmente procurada quando terminamos a hora do parque, ou mesmo antes, para avisar que "pode vir limpar o parque".

— *Maria tá na hora de acabar o parque, pode vir...*

— *Maria a gente vai subir, pode limpar o parque.*

A Zelinha (que mais freqüentemente está pela cozinha) é sempre solicitada a olhar nossos bolos, chás, etc...

— *Deixa que eu levo o bolo pra Zelinha **pôr no forno**.*

— *A Zelinha falou que o bolo já está quase pronto,* etc...

Tenho observado a partir deste encaminhamento um maior respeito, por parte das crianças, pelas atividades que antes eram desdenhadas por serem, dentro de nossa sociedade, consideradas "inferiores".

— *Sabe quem limpa o parque? É a Maria.*

— *Maria, você já chegou?... **Cadê a pá?** Tá sujo o parque, né?*

— *Zelinha cuida da cozinha...*

Outra descoberta do grupo, correspondente a essa etapa, foi a existência dos demais graus e suas professoras. Foi nesse momento que surgiu a preocupação em torno de uma marca (um símbolo) que nos identificasse.

Nossa marca surgiu de um gesto simbólico que eu sempre fazia quando ia enumerando as outras classes da escola com os dedos — primeiro grau, um dedo; segundo grau, dois dedos; terceiro grau, três dedos; quarto grau, quatro dedos; quinto grau, cinco dedos.

E sempre que eu falava terceiro grau, eles mostravam os três dedos. Daí pedi que tirassem o contorno dos três dedos, ficando assim a nossa marca do terceiro grau que mais adiante foi simplificada por três traços.

A partir daí, então, foram coladas três tiras da fita crepe na porta da nossa classe, indicando "a sala do terceiro grau" Nossos bancos também foram marcados.

RELATÓRIO DE ATIVIDADES
1978 — Agosto, Setembro

Não sei se vou conseguir fazer o que me propus...

Minha intenção é a de fazer um relatório que seja fiel ao espírito das atividades que vêm sendo vividas por mim e pelas crianças.

Pensei em estruturar a redação em pequenos "atos". onde vou **relatando nossa prática, os diálogos entre as crianças e eu no decorrer do trabalho. Em algumas ocasiões, quando necessário, vou abrindo parênteses,** situando objetivos específicos, dando alguns esclarecimentos sobre a atividade, etc.

I

Iniciarei relatando o trabalho de pesquisa corporal, que surgiu de um interesse na hora da conversa na roda.

— *Hoje eu trouxe esse pintinho para a gente ver.*

De que é feito esse pintinho?

— *É de pelinho amarelo.*

— *Não é de lã amarela.*

Esse pintinho é igual ao de verdade?

— *Não, o de verdade tem pena.*

No meu sítio tem uma galinha que teve pintinhos, com as penas branquinhas.

— *Ah, quer dizer que tem pinto que nasce com penas brancas e outros com penas amarelas? Como esse de brinquedo?*

— *Não, quando ele nasce a pena é bem amarelinha, como esse* (de brinquedo), *depois é que fica branca.*

— *Tem uns pintinhos no sítio que também é assim.*

Mas então, como que tem uma galinha na minha casa que tem penas marron?

(Silêncio)

— *Ah! mas é que tem galinha branca e galinha de outra cor, uai!*

— É.
— É, sim...
Todo o mundo aqui tem galinha?.
— Não!
— Eu só tenho no meu sítio.
— Eu tenho lá na minha casa em Figueiras.
— Eu não, eu moro num prédio, o zelador não deixa, ele briga!...
E de onde saiu estes pintinhos lá do seu sítio?
— Do ovo. Ela botou o ovo lá no ninho e daí ele saiu do ovo.
Na mesma hora o pintinho saiu?
— Não, ela teve que ficar sentada muito tempo...
Chocando...
— É, e aí foi esquecendo o ovo e ele saiu...
Vocês querem que eu traga uma galinha, amanhã, lá da minha casa?
— Oba! Eu quero!
— Eu também!

GENOVEVA visita a escola

Minha gente, esta (galinha) é a Genoveva!
— Olha... o bico dela! É fininho...
— É pra ela pegar os milhos do chão.
E a gente tem bico?
— Não... a gente tem uma boca.
— Mas pode virar (fazer) "bico" também...
Nosso sapo tem bico?
— Não (risos).
— Ele tem uma bocona que faz quach, quach...

— A boca é como um buraco...
A gente tem outros buracos no corpo da gente?
— Tem sim! Tem o nariz... um buraco, dois buracos...
— E o ouvido.
— Também tem dois buracos...
— E o cocô.
Por onde sai o cocô?
— E por onde sai o xixi?...
Então quantos buracos são, vamos contar?
— Um, dois, três, quatro, cinco, seis, etc.
— Ah, mas faltou um!
Faltou? Qual?
— E por onde sai o neném? Você não falou que não era do mesmo buraco do xixi, lembra?

Você tem razão, faltou um mesmo, por onde sai o neném, a vagina. Então na mulher são quantos buracos?

— *Oito.*

E no homem?

— *Sete.*

(Aqui eu cantei alguns trechos da música de Caetano Veloso "são sete buracos", etc.)

— *Que pena branquinha!*
— *Ela tem uns buraquinhos aqui... o que é isso Madalena?*

O que é isso, minha gente?

— *É o nariz! É o nariz!*
— *O olho dela é amarelo...*

Será que ela também tem ouvido?

— *Tem sim! Senão ela não escuta o galo!*
— *Tá aqui, tá aqui! Achei!...*
— *Olha! Ela abriu o bico.*

E o que tem lá dentro? Será que é igual a gente? Ela também tem dente?

— *Deixa eu ver... Não! Ela não tem é uma língua! Uma língua!*
Língua?

— *É sim! Eu também vi!*

E o que é isso aqui? (abrindo as asas).

— *É a asa dela. É igual* (correspondente) *o braço da gente.*
— *Só que ela não tem mão, nem dedo...*

E pé, tem?

— *Tem sim.*
— *Não é pé, é pata.*

E a nossa cobra do museu tem pata?

— *Não!*

Mas então, como que ela anda?

— *Se arrastando!*

Quem anda como cobra aqui?

(Mais que depressa dezessete cobras arrastando-se pelo chão...)

E como Genoveva, quem consegue andar?

— *Eu consigo, có, có, có!*
— *Có, có, có, có, có, có, có...*

(E cantamos a música do "galo carijó")

Vamos fazer a marca da pata dela?

— *Vamos.*
— *Eu vou pegar o papel.*
— *Eu pego o lápis.*

Gozado, a pata dela, tem quantos dedos?
— *Um, dois, três. Tem três.*

E a gente? Quantos dedos a gente tem?
— *Cinco.*
— *Cinco numa mão e cinco na outra.*

E o pé? A gente também tem dedo?
— *Tem sim, tem igual que na mão!*
— *Me dá o lápis que eu vou fazer a marca da minha mão.*

Essa parte da galinha está grudada aonde?
— *Na perna dela, uai!*
— *Eu gosto de comer perna de galinha...*
— *Não é perna, é coxa de galinha!*
Onde que fica a coxa da galinha?
(Silêncio).

A gente tem coxa?
— *Tem!* (risos)
— *A coxa é aqui neste mole* (tocando a própria coxa).
— *É...*
— *Depois da coxa vem o joelho e essa parte...*
A "canela"
— *Canela?* (risos)
— *...Essa parte que gruda com o pé.*

O que é que tem embaixo dessas penas?
(levantando e até puxando algumas penas)
— *Tem pele.*
Pele? E a gente também tem pele?
— *Tem sim!*
— *Ela* (a galinha) *tem pena* (grudada na pele) *e a gente tem
cabelinho* (passando a mão pelos cabelos e os pelos do braço).

— *Olha ela se equilibrando numa perna só!*
— *Ah, eu também sei fazer isso!*
— *Eu também.*
— *Eu consigo...*

Mas quem consegue andar com uma perna só?
— *Igual ao saci...*
— *Eu vou um pouco, mas caio logo...*
— *Consegui, consegui!!*
— *Descobri um jeito!* **Anda segurando na mesa que a gente
consegue...**

Boa! Quanto saci! Que equilíbrio!

A galinha voa?
— *Voa!*
— *Voa não, ela não é passarinho...*
— *Ela só voa um pouquinho, no chão...*
— *Eu já vi lá no meu sítio uma galinha dá uma voada e ficar lá em cima...*

Pois a Genoveva mesmo adora dormir em cima do puleiro dela, ela chega lá em cima voando... com as asas.
— *É, ela faz assim ó...* (fazendo movimentos de subir e baixar os braços representando o ato de voar).

Quem consegue fazer esse movimento de voar?
— *É fácil... eu consigo.*
— *Eu também ó, ó, ó.*
— *Eu já vi um homem voando lá na televisão; ele fez uma asa pra ele e ia puxando um cordãozinho e voava!*

Puxa vida, ele mesmo construiu essa asa! Igual a gente na marcenaria, quando a gente faz, constrói, nossas espadas?
— *Ela mexeu a cabeça igual à lagarta da estória que você contou, Madalena.*
— *É pra frente e pra trás...*
— *Ela tava falando SIM!*

E onde que está grudada a cabeça dela?
— *No pescoço.*

E nossa cabeça, também?
— *Também!*
— *Meu pescoço é fino.*
— *O teu é gordo...*

Vamos ver se a gente consegue cantar a música do mexe, mexe, mexedor com o pescoço? (para explorar o movimento circular e salientar bastante esta parte do corpo que antes era esquecida).

Quem topa comer galinha assada amanhã?
— *Eu!*
— *Eu!*
— *Eu também!!!*

A GALINHA ASSADA

(Com a galinha assada pudemos trabalhar mais minuciosamente as partes do corpo, articulações e "o corpo por dentro": ossos, sangue, veias, músculo e coração.)
— *Você trouxe o que a gente combinou pra fazer hoje?*

Trouxe sim!

— *Ela trouxe! Ela trouxe a galinha!*

(Pusemos a galinha — o frango — no meio da roda e fomos observando quais as diferenças do frango morto com a Genoveva.)

— *Onde está a cabeça dela?*

Está aqui, mas eu não sei onde é o lugar dela, vocês lembram como que era com a Genoveva (mostrando o pescoço juntamente com a cabeça)? Onde ia a cabeça?

(Meu objetivo com este encaminhamento foi ir compondo com as partes do frango que já estavam cortadas (cabeça + pescoço + corpo + pés) um "quebra-cabeça" onde as crianças fossem encontrando no corpo da galinha a parte correspondente que faltava. Ao mesmo tempo ir encontrando no próprio corpo suas partes; o que resultou num jogo muito gozado que relato no final).

— *Ia grudada aqui* (mostrando o correspondente ao nosso tronco) *nessa parte...*

— *Mas a Genoveva tinha pena... e essa não tem.*

— *Foi o homem, no açougue, que tirou.*

— *Não, não foi assim não...*

Como foi então?

— *Não sei...*

(Silêncio)

— *Tem que dar um banho nela... eu vi lá no sítio.*

De água quente ou fria?

— *Acho que é quentinha porque senão ela sente frio, né?*

É, ela sente frio; e também, com água quente, as penas saem mais fácil.

E essa parte aqui (os pés) aonde que vai?

— *Aqui na perna, junto da coxa.*

— *Não é na coxa, é aqui...* (mostrando ao mesmo tempo no próprio corpo e no da galinha).

— *Na canela* (risos), *não é Madá?*

(Deste modo montamos o "quebra-cabeça" da galinha.)

Vamos cortar as partes da galinha?

— *Vamos!*

— *Oba, oba!*

— *Por que você dobra a perna dela pra partir?* (cortar)

Ah! Isso é uma coisa muito importante... por que a gente consegue dobrar a perna?

(Todos dobrando e esticando as pernas ..)

O que aparece quando a gente dobra a perna?

— *O joelho.*

E quando a gente dobra o braço?
— *Esse osso aqui pontudo...*
O cotovelo.

E que outras partes a gente consegue dobrar?
— *O dedo...*
— *A cabeça.*

Pois se a gente não tivesse essas partes (articulações), esses "ossos" meio moles que deixam a gente dobrar e esticar, como que a gente ia ficar?
— *Tudo duro. Igual à estória do boneco de madeira...*
É por isso que eu tenho que cortar a galinha, justamente nessa parte em que o osso dobra.

— *Chi! Olha, tem um pouco de sangue aqui, nesse pedaço...*
— *"Nheco", eu tenho nojo!*
— *Pois eu não, eu até pego, ó...*
— *E eu também, parece tinta...*
— *E isso aí, azuzinho, o que é?*
O que é?
— *É a veia!*
— *É sim! É sim!*
— *Olaha! Vem ver! Galinha também tem veia!!!*
— *Igual a gente aqui no braço.*
— *Eu já tirei sangue da veia...*

Vale a pena abrir um parênteses aqui para falar da importância das descobertas das crianças. É fundamental que as crianças tomem consciência de que **elas** estão fazendo, conquistando, estão se apoderando do seu processo de conhecimento. E que o professor, igualmente, com elas, os dois são sujeitos desse processo na busca do conhecimento. Daí que o papel do professor não é o de "dono da verdade", que chega e disserta sobre o "corpo e seu funcionamento", mas sim o de quem, por maior experiência e maior sistematização, tem a capacidade de devolver às crianças, de modo organizado, as informações do objeto de conhecimento. No caso que descrevo: o corpo por dentro, a ser estudado. Quando digo que o professor também está estudando, buscando o conhecimento juntamente com as crianças, digo isso concretamente, pelo que estou vivendo com as crianças nas descobertas do "corpo por dentro". Realmente eu tive que parar e estudar anatomia para poder encaminhar, organizar nossas descobertas.

Em que veia você tirou sangue? Em que lugar?
— *Aqui no meu braço.*
A gente tem veia em outro lugar?
(Silêncio)

— *Achei! Achei uma aqui na minha mão!*
— *Eu também! Bem atrás do meu dedo...*
— *Tem mais aqui pelo braço! Olha, olha Madalena!*
— *Na cara dele! Eu tô vendo uma veia...*

Puxa vida!!! Até na cara tem! Mas pra que tanta veia?
— *É pra passar o sangue!*
— *Tem pela perna também!...*
— *No pescoço!*

Tem em todo canto, veia, no corpo inteiro?
— *Como uns canos...*

É, pelo corpo inteiro tem veia levando sangue... mas eu não sei pra onde...

(Em certas ocasiões lanço perguntas que ficam no ar, para depois retomá-las.)

— *Olha que osso mais pontudo! Pode até cortar! Um perigo perigoso...*

— *Mas esse aqui é pequenininho... eu até consigo quebrar.*
A gente tem osso?
— *Claro que tem!*
E se a gente não tivesse?
(Silêncio)
— *A gente caía?*
— *Era, caía sim, porque...*

Por quê?
— *Esqueci...*
— *Porque o osso é duro, ele agüenta a gente* (o corpo).
— *É, agüenta sim, viu Madalena, agüenta sim!...*
— *Esse osso meu aqui da perna... é que segura* (que liga) *o meu pé.*

E no pé tem osso?
— *Tem, tem sim!*
— *Até no dedo! É, até no dedo tem...*
— *Na cara também, tem no nariz...*
— *Olha esse osso de bola* (tornozelo), *parece um joelho pequeno!*

Quem consegue sentar com o pé e a perna guardada (de pernas cruzadas, como em posição de ioga, para explorar a posição correta de alinhamento da espinha)?
— *Eu consigo!*
— *Eu também...*
Pois vamos balançar pra cá e pra lá, pra cá, pra lá.
— *Como uma cadeira de balanço...*

Isso mesmo!

— *Eu tenho dois ossos no bum-bum aqui... que quando a gente balança chega dói...*

É mesmo! Eu também estou sentindo!

— *Eu também, tenho!*

— *É mesmo...*

Como será o nome dele?

— *E osso tem nome?* (risos)

Tem!... mas eu não sei o nome desse...

— *Você não sabe?*

Não, não sei.

Eu tenho que estudar para descobrir (descobrir igual a vocês) o nome desse osso...

— *Quem descobrir vem e conta na hora da roda, né?*

— *O que é essa bolinha vermelha?*

— *Ah! É o coração!*

— *Lá em casa eu sempre como o coração da galinha... eu adoro!*

— *É tão pequenininho!*

Todo mundo aqui tem coração?

— *Tem! Se não tiver, morre...*

— *O meu está batendo!*

— *O coração bate o tempo todo.*

— *É, porque se pára, a gente morre, meu pai que falou, ele é médico!*

— *O meu também é!*

— *Minha mãe é que é...*

— *Um dia eu escutei meu coração...*

Como é que a gente escuta o coração?

— *Com aquela coisa...*

— *O estetoscópio.*

— *É... que põe no ouvido e no coração e daí a gente escuta: tac, tac, tac.*

Ah... se a gente tivesse um estetoscópio pra gente escutar nosso coração... será que teu pai empresta?

— *Manda um bilhete pro pai* (todos) *pedindo...*

Boa idéia!! Vamos fazer isso mesmo!

(Foi nessa hora que me deu o estalo! É aqui que os pais entram. Através do trabalho do dia-a-dia, do agora; pois os pais também estão no mesmo processo — como educadores que são — de busca do conhecimento juntamente com as crianças.)

— *Eu pego a caneta.*

— *Vou pegar o papel.*

— *Não, você não, toda vez é só você; agora sou eu...*

Como que a gente vai dizer no bilhete?

— *A gente precisa do testocópio* (estetoscópio).

— *Para a gente escutar os sons do coração.*

— *E do corpo por dentro.*

(E assim fomos redigindo: "Estamos precisando de um estetoscópio para a gente escutar... etc".) Numa altura alguém falou:

— *Mas meu pai não vai emprestar porque quebra.*

A gente vai deixar quebrar?

— *Não! A gente cuida bem direitinho...*

Então precisamos dizer isso no bilhete: "Nós vamos cuidar muito bem dele, não se preocupem..."

Vale a pena ressaltar a alegria e a importância que deram à redação do bilhete, ao cuidado que tiveram em guardá-lo na lancheira, para não perderem: *é pro pai e pra mãe... não pode perder.*

Cortadas todas as partes da galinha e temperada, levamos ao forno, e quando ficou pronta, enquanto comíamos, fomos relembrando tudo que fizemos, como cortamos, qual as partes da galinha, etc.

Foi aqui que surgiu o jogo de "cortar as partes da galinha", que consistiu em cada criança ir "cortando" — gesto simbólico de cortar — com a faca as partes da galinha. Cada criança era uma galinha.

— *Vou cortar a asa* (o braço) *e agora a outra asa...*

— *A coxa... a canela... o pé.*

— *A cabeça, o pescoço...*

Só ficou o tronco... (e ia passando a mão pelo tronco de cada um para ressaltar, de modo mais forte, o tronco. a espinha como eixo central do nosso corpo).

(No dia seguinte, da remessa do nosso bilhete, foi uma "chuva" de estetoscópios na sala...)

— *Eu trouxe! Meu pai deixou trazer!*

— *Eu também trouxe! Olha o meu!*

(Para uma criança de quatro anos o seu "corpo por dentro" é um mundo mágico, cheio de mistérios que ela não consegue entender corretamente. Foi partindo de um ruído real, dando umas batidinhas no estetoscópio ou pondo-o na mesa e batendo com o lápis, que começamos a trabalhar com ele. Pois, caso contrário, escutar os sons do corpo, sem entender o funcionamento causa-efeito do estetoscópio, reforçaria essa visão mágica do mundo.)

— *Não dá prá escutar assim... Tá muito barulho!*

— *Faz silêncio!*

— *É o "mundo do silêncio" agora...*

("O mundo do silêncio" vem do trabalho de música, onde todas as portas e janelas são fechadas, onde ficamos na penumbra; aqui outro dado do pensamento pré-operatório, onde o mundo é "pensado" concretamente. Fazer silêncio total, apoiado numa situação concreta de fazer silêncio: fechar todas as portas e janelas, simbolizando a noite, quando se faz silêncio, para "fazer o mundo do silêncio".)

— *Agora, escutei... bate igual* (tem sempre o mesmo ritmo).

— *Escutei, faz, tac, tac, toc, toc...*

(E os olhos brilhando assim que escutavam as primeiras batidas!)

— *O meu bate baixo...*

(Nos dias que se seguiram levei um osso de boi enorme, parte da perna, para comparar com os da galinha que guardamos no museu, e com os que sentíamos no nosso corpo. Trouxe também um coração de boi, que causou espanto e admiração a todos...)

— *Que ossão grande!*

— *Esse boi era grandão...*

— *O osso de galinha era bem pequenininho.*

De que parte do boi será esse osso?

— *É do joelho! Olha a bolona aqui.*

— *Ele fica assim, ó...* (ficando de quatro e pondo o osso, correspondendo a uma das pernas).

Será que tem alguma coisa, dentro desse osso?

— *Será...*

— *Me dá aqui que eu quebro ele no chão.*

— *Chi! Só serrando com serrote.*

(Depois de um grande esforço por parte de todos, cada um serrou um pouco e o osso ficou dividido no meio...)

— *Olha tem uma massinha... Tem feito uma massinha branca!*

— *Feito um farelo de pão...*

— *Ai, eu não gosto...*

Com esse farelinho, essa massinha, se faz uma sopa deliciosa...se chama tutano.

(Enquanto observávamos o coração de boi, comparamos com o coração da galinha, redigimos mais um bilhete "pro pai e pra mãe"...)

— *Que grande!*

— *Ele* (o coração) *deve fazer um barulhão...*

— *O da galinha faz baixinho...*

— *O que é essas coisas feito um canudo?* (artérias)

O que é?

— *É a veia! É a veia do coração.*

— *É por onde vem o sangue...*

Ah! Então o sangue do corpo da gente vem até aqui, o coração?

— *É sim, vem e entra aqui nessa veiona...*

E como será o nosso coração? Será que é igual a esse?

— *Não sei...*

— *Ah! Não é grande assim, não...*

Será que em casa tem algum retrato do coração? Vamos mandar um bilhete perguntando?
— *Vamos!*

E redigimos o nosso segundo bilhete: *Nós escutamos nosso coração e já vimos o coração da galinha e do boi, mas a gente não save como é nosso coração; quem tem uma fotografia do nosso coração que a gente possa ver?* Aos poucos foram chegando fotos, de revistas, radiografias com bilhetes do pai explicando, o que provocou grande respeito, livros sobre o coração e o funcionamento do corpo em geral. Atualmente estamos vendo, "estudando", estes materiais, mas o que já pude observar muito claramente **em todos,** como reflexo deste trabalho que estamos vivendo, é uma forte consciência do próprio corpo, suas partes, seus membros, que se revelam por exemplo no desenho da figura humana, com todas as partes do corpo bem salientes. Surgiu, inclusive, uma construção na areia, por um grupo de cinco crianças, de uma figura humana gigantesca. A construção foi feita salientando o contorno do corpo com todas as suas partes.

Voltando à sala relembrei o que vi no parque, dei uma folha de papel bastante comprida, e pedi para irem mostrando o que tínhamos visto na areia. Isto porque penso que é importante que as crianças **documentem** concretamente, e no caso, através do desenho, suas experiências, suas vivências, **seu trabalho.**

Este é um dado que o professor sempre desenvolveu para que elas próprias se organizassem. E assim surgiu "nosso gigante": cada criança desenhou uma parte do gigante.

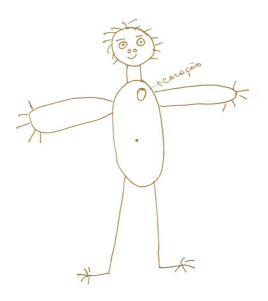

Concluindo, o que tenho observado, sentido nas crianças (e em mim), como reflexo do nosso trabalho, é um grande entusiasmo, os desafios sendo enfrentados com alegria e prazer. O que nos dá a certeza de que a busca do conhecimento não é, para as crianças, preparação para nada, e sim **vida aqui e agora.**

RELATÓRIOS DO PRÉ
1981

RELATÓRIO DO PRÉ
1981 — Março, Abril

A PAIXÃO DE CONHECER O MUNDO

Gostaria de escrever este relatório sem dividi-lo em áreas, sem falar exclusivamente das atividades e de seus objetivos em si, mas tentar passar para vocês o "pulsar" vivo de nossas descobertas diárias, de nossas dúvidas, o descobrir o mundo...

Gostaria de poder passar o vivo de nosso envolvimento, esta constatação óbvia, mas intensamente forte, de que nós estamos vivendo juntos. Nós estamos habitando, construindo esse espaço da sala. Ele é um pedaço de cada um de nós, ele é nosso.

Nosso corpo que se **localizou** primeiramente no espaço da sala, e que se alongou até à parede do parque, com o desenho do ANEQUIM (um tubarão que mede 12 m),

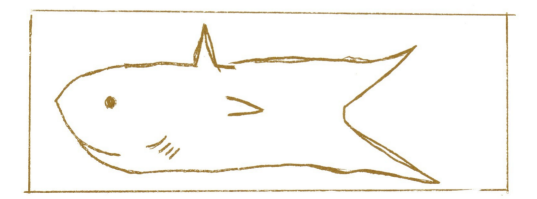

e alonga-se através da NAJA pelo corredor da escola... como um corpo de um gigante que vai conquistando, aos poucos, o todo espacial da escola... e que sai **da** escola, e começa a conhecer as ruas

do bairro onde está a escola e onde muitos moram, com a visita à casa da Avana.

Nós estamos juntos nos conhecendo e descobrindo e conhecendo o mundo.

Todo esse processo de busca e descobertas nos desvela o processo educativo, "a educação como um ato de conhecimento", que nunca se esgota, que é permanente e vital.

Tão vital como foi descobrir que *"borboleta põe ovo?!"* Quando descobrimos aqueles pontinhos brancos na parede, confesso que nem eu mesma imaginava que fossem ovos.

Este instante foi de festa — todos se abraçando, beijos pra cá, beijos pra lá... E foi assim que surgiu nossa primeira palavra geradora: OVO.

— *Oba! Oba!*

— *Viva! Viva!*

Será que é mesmo ovo de borboleta?

— *É sim, Madalena! Olha ela aí do lado!*

— *É... e está morta.*

— *Coitada, pôs tanto ovo que morreu...*

Vamos contar quantos tem?

— *230 ovos!...*

— *Até cansei de contar...*

E o que será que vai sair daí?...
— *Borboleta. ora!*

Já direto?
— *Não...*

Vamos estudar amanhã no livro, pra gente saber?
--- *Vamos.*

No dia seguinte iniciaram nossos estudos sobre borboleta. Descobrimos que dos ovos iriam sair larvas que iriam crescer e logo em seguida lagartas que se transformariam em casulos e depois borboletas.

Descobrimos que as borboletas vivem para pôr os ovos, que não se alimentam, e morrem em seguida depois de postos os ovos. À medida em que íamos fazendo essas descobertas, íamos registrando (decidimos fazer os registros, através de desenhos. As crianças mesmas iam desenhando) no nosso quadro das descobertas, e o que ainda não **sabíamos, ou sobre o que não tínhamos segurança,** anotávamos no **nosso "quadro de dúvidas".**

(Tenho tido sempre a preocupação de marcar bem para as crianças que estamos descobrindo, conhecendo, aprendendo. E tudo o que vamos **aprendendo, socializamos.** Isso tanto para as descobertas e conquistas individuais, quanto para as descobertas do grupo.)

Depois de alguns dias, antes de começarmos a "roda", perguntei se alguém tinha visto os ovos da borboleta (olhávamos todos os dias **para observarmos as mudanças),** e quando olho para a parede, umas "linhas" marrons com bolinhas pretas mexendo-se, saindo dos ovos...
— Minha gente o que é aquilo?...
— *Nasceram! Nasceram! Nasceram!*
— As larvas saindo do ovo...
Eu, toda arrepiada, com os olhos cheios d'água...
Abraços, beijos, obas e vivas, e desta vez mais estridentes e mais demorados...

Um clima de emoção e alegria nos envolvera a todos como se estivéssemos em "estado de graça"...

Baixada a "poeira", chamei-os numa "roda" e propus que registrássemos no papel toda a estória da borboleta até aquele dia, eles desenhando e eu escrevendo.

(Foi com essa experiência de registrar a estória da borboleta que me deu o "estalo"!: Nós poderíamos escrever, registrar todas as nossas experiências como um diário da vida do grupo. E foi assim que nasceu NOSSO LIVRO DE ESTÓRIAS DO PRÉ...)

Já tínhamos visto que as larvas assim que nascem já comem, e precisávamos então pôr comida para elas. E comem que folhas?

| O ROGÉRIO TROUXE UMA BORBOLETA VIVA | ELA POS 23 OVOS | ELES FORAM MUDANDO DE COR | MUDANDO DE COR... | E NASCERAM NOSSAS LARVAS!... |

Saímos para o parque à procura de folhas variadas, pois não sabíamos o que comiam.

Pusemos as folhas e as larvas nada de comerem... Combinamos então que traríamos de casa outras folhas — COUVE, ALFACE e folhas de amora.

Nada... Continuaram sem comer. Até que um dia morreram. Constatamos que não poderiam mesmo viver sem comer por tanto tempo. Mas tivemos sorte, pois Marina, mãe do Acauã, nos mandou duas lagartas num vaso de samambaia. E agora tínhamos certeza de que viveriam, pois sabíamos que comiam folhas de samambaia.

Il, professora do jardim I, também trouxe outra lagarta que também comia samambaia, e logo depois Juja e Emília trouxeram mais quatro! Uma verdadeira "criação" de lagartas, que atualmente observamos à espera do casulo...

Paralelo a esse estudo das borboletas, estudamos também as aranhas e logo depois as cobras...

Fomos ao Butantã para nos certificarmos se nossas descobertas eram corretas e para esclarecermos as dúvidas: "É verdade que tem aranha de 8 olhos?"

— *Que aranha é essa* (a mão peluda)?
— *Essa nossa aranha se chama* TARÂNTULA. etc.
Quando escrevi TARÂNTULA, alguém gritou:
— *Olha! Tem Tula.*
— *O que tem Tula? Aonde?*
— *Aqui em* TARÂN - TULA.
— *E também tem* TATU.
— *É o* TA *de Tamara e o* TU *de Tula!*
E surgia, assim, nossa segunda palavra geradora: TATU.
Antes de sairmos para o **Butantã**, cada um pendurou o seu "crachá" — que era um cartão com o nome da escola, telefone e endereço, e assinou o nome.

Combinamos todas as regras, do que podia e do que não podia no passeio: "Todo mundo sempre junto do grupo". "Não correr, nem sair na frente sem avisar para onde vai", etc.

Preparei fichas onde pudéssemos anotar, desenhando, tudo o que quisessem.

No Butantã ficamos loucos... Aquela variedade enorme de cobras e de aranhas, e todo mundo querendo copiar os nomes das cobras, e sem parar de desenhar.

Fizemos nossas perguntas, mostramos nossas aranhas, e para nosso espanto, soubemos que eram muito perigosas. Simplesmente a tarântula era uma caranguejeira...

(Chamo sempre a atenção deles para a necessidade que temos de ser curiosos toda vez que levantamos hipóteses sobre algum objeto em estudo ou quando testamos o conhecimento que fizemos do objeto. Foi o que fiz ao irmos ao Butantã para confirmar nossas descobertas. Este testar sempre vale para tudo. Se fazemos "tinta" com papel crepon — vamos depois testar se virou tinta mesmo.)

Descobrimos qual a diferença entre uma cobra venenosa e uma não venenosa.

Venenosa

Não venenosa

Que o veneno da cobra é como a saliva — jamais acaba. (Vimos retirarem veneno.)

Mas a ida ao Butantã deixou-nos intrigados:

— *Como que faz o soro para a mordida da cobra?...*

— Não sei muito bem, mas acho que o pai do Vadico pode explicar prá gente, será, Vadico?

E deixei a pergunta sem resposta por uns tempos.

Depois da ida ao Butantã, observei nas crianças uma curiosidade em saber como era uma cobra por dentro. Tínhamos uma cobra na classe, então perguntei:

— Vocês topam dissecar uma cobra?

— *O que é isso?*

— É abrir a cobra e ver como é por dentro.

— *Eu topo! Eu topo!*

No primeiro momento pensei em eu mesma abrir a cobra, mas depois, refletindo, cheguei à conclusão de que o Júlio, pai do Rogério, poderia dissecá-la melhor do que eu, além da oportunidade de ter um pai trabalhando conosco na sala. Acredito que neste processo de descobrir, conhecer o mundo, estamos todos nós juntos: eu, as crianças e vocês pais.

É importante que as crianças percebam que o professor não é dono do saber, que seu pai, os pais também sabem. Que podem vir à escola TROCAR conhecimentos conosco.

Outro ponto que quis trabalhar com a vinda dos pais foi a figura masculina dentro da escola.

Essas visitas também se estenderam a um tio e a um irmão.

Falei com o Júlio e ele topou. Então marcamos o dia para a sua vinda e avisei **às crianças.** Na véspera, no momento da "roda", fizemos o bilhete para vocês pais comunicando a vinca do Júlio. Usando o mimeógrafo, cada um rodou o seu bilhete. Depois pedi que fizessem uma fila e que cada um viesse me dizer o nome da mãe e do pai para que eu escrevesse no bilhete.

(Com esse encaminhamento senti nas crianças um sentimento forte, que não sei bem explicar, mas me pareceu algo assim como se **estivessem recebendo "um diploma de filhos" .. Todos numa postura de muita atenção, responsabilidade, com o bilhete nas mãos...**)

E o Júlio chegou no dia seguinte, a cobra e os materiais no meio da "roda" e a dissecação iniciou-se.

Observei nas crianças, durante a dissecação, a cobra nas mãos **do Júlio, uma grande alegria por terem sua curiosidade desafiada.** Em certos momentos, espantos: *"Cobra tem coração?"*

No final todos se despediram efusivamente do Júlio com — *Obrigado, Júlio! Parabéns, Júlio! Tchau, Júlio!...*

Transcrevo aqui as impressões do Júlio:

Gostei muito de ter dissecado a cobra no Pré. E a sensação dominante foi a sensação de brincar. Diverti-me enquanto desenvolvia essa atividade. Como nunca tinha dissecado essa espécie, a curiosidade prévia(por exemplo, as proporções dos diversos aparelhos anatômicos, órgãos específicos da cobra) e a pesquisa tornaram a atividade muito agradável. O prazer advindo de poder trabalhar com a escola e com as crianças permeou toda a atividade.

Contudo, devo ainda acrescentar que a minha expectativa de ampliar a integração, já existente com as crianças, era maior do que a, eu acho, que se verificou.

A DISSECAÇÃO

Reunimo-nos no chão, em círculo.

Coloquei a cobra (de mais ou menos 20 cm), cinzenta, sobre uma placa de isopor, na posição "barriga pra cima".

A cobra foi aberta em planos. Inicialmente fez-se uma incisão na pele, bem vertical, da cabeça ao rabo, destacando a pele do corpo e prendendo-a com alfinetes no isopor. Muitas crianças trabalharam na preparação e colocação dos alfinetes.

Abaixo da pele encontramos uma série de anéis superpostos que funcionam como uma capa de proteção para a cobra. Afastado esse conjunto de anéis (de modo semelhante ao feito com a pele), encontramos, logo abaixo, os órgãos internos.

O fígado foi o primeiro órgão que se destacava. Perguntei às crianças o que era aquilo e a resposta foi obtida: Cocô. Perguntaram pelo coração. Retirou-se o **coração, e passou de mão em mão.**

Expliquei o que era o tubo de comida (digestivo) e passei a extraí-lo. Como ele possui várias formas no seu trajeto (estômago, intestino, etc), após a sua retirada, ficou mais fácil identificar o restante dos órgãos. Finalmente identificaram-se os dois órgãos amarelos (bilateral) na altura dos rins, multinodular, que logo de início não se sabia o que era. Concluímos que eram as "ovas"

A segunda visita foi o "Gogui", pai do Acauã. Um dia o Acauã trouxe de lanche um pão gostosíssimo, perguntei quem tinha feito e ele me respondeu que tinha sido seu pai. Mandamos um bilhete para o Gogui no mesmo dia, dizendo que tínhamos gostado muito do pão e se ele poderia nos mandar um para o nosso lanche do dia seguinte...

(Tenho lançado com freqüência a proposta de "lanche para todo o mundo", onde venho pretendendo viver o prazer de comermos todos juntos. Antes cada um lanchava nas suas mesas e eu ficava de fora. Falei sobre isso com o grupo. Disse que não gostava de ficar por fora e fiz uma proposta: comermos como num pic-nic em volta de uma toalha redonda, todos juntos. Aceitaram.)

No outro dia, "pão do pai do Acauã" e requijão(!) para o lanche!

Enquanto comíamos, perguntei:

— Que tal chamar o Gogui pra ensinar como se faz esse pão?

E a resposta veio de boca cheia: *Manda o bilhete...*

Conversei com o Gogui, que me falou que poderíamos também

trabalhar com MICROORGANISMOS, partindo do levedo. "Bichinhos" que não fazem mal ao homem. Concordei, passamos um tempo à espera do fogão da escola, mas enfim chegou o dia.

Foi uma tarde (o Gogui ficou conosco toda a tarde) de muita agitação e principalmente de muito trabalho. Primeiramente fizemos o pão, anotamos todo o processo: a receita. E enquanto esperávamos a massa crescer, lanchamos todos em volta da nossa toalha.

Pusemos o pão no forno como quem carregava um importante troféu e

voltamos para a sala para fazermos "a experiência com o levedo", que foi para mim fascinante.

Descobrimos um instrumento que chamou a atenção das crianças, e aproveitei para introduzi-lo como palavra geradora PIPETA — que escrevemos, eu de um lado da mesa, e o Gogui do outro

(Gostaria de aproveitar para falar de como neste processo de descobertas tudo anda junto. Não existem compartimentos estanques: ciências, plásticas, alfabetização, etc. As descobertas abrangem, invadem todas as áreas.

Estamos vivendo o deslumbrarmo-nos em descobrir. Conhecer uma **PIPETA** e também como se faz pão, e que "o **CA** de **PIPOCA** junto com o **PETA** de **PIPETA** dá **CAPETA**...")

As impressões do Gogui:

"Estive com a classe do Pré e fizemos pão juntos. Em seguida comentamos a utilização de um microorganismo — a levedura — no processo de fazer pão. Indagou-se a seguir sobre a existência de organismos muito pequenos no ambiente que nos cerca. Concluímos que seria possível detectar esses bichinhos alimentando-os abundantemente de maneira que cada um produzisse muitos "filhinhos", ficando uns sobre os outros até formar uma colônia visível.

Investigamos os dedinhos, a superfície da mesa, chão, maçaneta da porta, o ar, etc. Dias depois todos viram os resultados nas placas de Petri.

A experiência foi excelente para mim. O interesse da turma foi intenso, os apartes e perguntas, algumas vezes surpreendentes, senão pela penetração, pelo humor. Madalena coordena as atividades com maestria admirável, movendo-se sem aparente resistência naquele campo altamente energético e vibrante".

Pudemos observar depois de três dias, como os micróbios de nossos dedos, do trinco da porta, da nossa toalha, etc... cresceram nas placas...
— "Puxa vida, tem tudo isso no meu dedo!"
— "Tem que lavar as mãos, eu disse, tem que lavar as mãos
— "E não pode pisar na toalha!"
O pão afinal pronto cheirando pela escola!
Demos de presente um pão a cada classe — e cada representante foi entregar com um laço de papel envolvendo o presente, ainda quente...
– E a minha mãe? Eu quero levar um pedaço pra minha mãe...
E então uma fatia foi embrulhada para o pai e a mãe: Põe o nome .... é
.... ".*

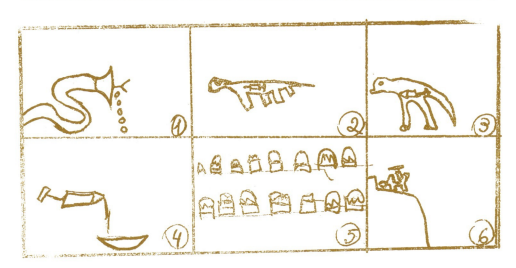

61

Depois do Júlio dissecar a cobra e o Gogui com o "bichinho que **não faz mal para o homem**", encaixei o Moisés (pai do Vadico) em "como que faz o soro para a mordida da cobra" (e este sim, um bicho que faz mal para o homem, para assim chegarmos às VACINAS). Por que tomamos vacinas?

Mandamos bilhete dizendo que o Moisés **viria, e todo mundo** assinou.

Moisés viu nossas placas, sentou na **roda, e começamos a** conversa, que aliás foi muito bem conduzida por ele.

E os comentários foram surgindo: *Puxa, eu pensava que cavalo só servia pra andar de cavalo...* **(quando** víamos o processo para obtenção do soro).

Vimos também como o homem obtém a vacina para combater os micróbios (que vimos crescer na placa) que nos causam doenças.

Como conseguimos prevenir as doenças: uma alimentação adequada. As crianças mantiveram-se interessadas todo o tempo, participando, perguntando, clareando suas descobertas.

— *Sabia? Eu perdi a luta com o micróbio, fiquei com um febrão um tempão...*

As despedidas, no final, vêm sendo **bastante efusivas, e a do** Moisés também:

— *Tchau, Moisés!...*
— *Viva Moisés!...*

As impressões do Moisés:

A experiência de "aula" com os meninos foi extremamente curiosa. Teve vários pontos que vale a pena relatar.

*Cheguei à escola um tanto quanto apreensivo. Procurei, na medida do possível, material que pudesse ilustrar o conteúdo do assunto. Não achei e fiquei desapontado e preocupado. E agora? Bom, o negócio é estudar e verificar que formas aplicar para me "livrar" da terminologia médica. Como fazer para dizer das **anatoxinas, antígeno,*** *anticorpo, moléculas, proteínas, imunidade, conjugados, complementos...*

 O dia vem chegando e a apreensão crescendo. Confesso que estava bastante preocupado. Foi um dos momentos mais tensos da minha vida de professor. Não sei explicar por quê, mas foi.

 Mas tudo cessou com o desenvolver da atividade. Não sei se o foi para as crianças, mas para mim foi extremamente rico viver este desafio.

 O começo foi meio confuso. O esquema previamente preparado evidentemente não funcionaria. Era necessário improvisar.

 E daí veio a coisa mais emocionante, e eu queria só ficar observando. Foi quando a Madá botou as crianças para desenharem.

 Achei simplesmente genial.

 Eu estava achando as coisas meio confusas, mas a Madá conseguiu organizar, fazendo com que as crianças desenhassem. "É de cair o queixo."

 Para ser sintético, tive, entre muitas, duas sensações agradáveis e verdadeiramente indescritíveis:

 1 — Verificar como o espírito de criatividade e a formação de nossos filhos vem sendo trabalhada.

 2 — Testemunhar a capacidade de uma professora cujo trabalho eu já conhecia e considerava insuperável em criar, recriar e de se superar. "Pra mim uma coisa simplesmente fantástica e para os nossos filhos uma experiência marcante e inesquecível".

No meio desse período da vinda do Júlio, Gogui e Moisés, Maurício veio me falar: *Madalena, o meu tio sabe abrir bicho e gente, ele pode vir aqui?*

Respondi-lhe que sim e aproveitei o Ricardo para dissecar a pomba, que tínhamos achado morta no parque, para comparar seus órgãos com os da cobra e dar o salto para o corpo humano "por dentro".

É algo muito forte o que estamos vivendo: a descoberta que "eu sou homem, você é mulher".

Conversei com o Ricardo, falei o que já tínhamos visto com as crianças, o que estávamos trabalhando: 1) a coluna, diferença entre a nossa coluna e a dos bichos; 2) diferenças entre o corpo da mulher e do homem.

Chegou o dia, Ricardo apareceu com dois esqueletos, que provocou reboliço na classe, um de macaco e outro de um pássaro.

Começamos a dissecação e descobrimos que aquele pássaro era uma pomba rola.

Também fomos retirando órgão por órgão, como na cobra, colocando nos vidros com álcool.

Com esta segunda dissecação observei nas crianças um maior domínio — apropriação do que viam: — *Olha, o fígado!*

— *Esse não é o coração?*

Depois da pomba dissecada, começamos a montar uma mulher de plástico – um brinquedo: THE VISIBLE WOMAN. À medida em que Ricardo tomava cada órgão da mulher de plástico em suas mãos, ia nos mostrando onde ficava no nosso corpo.

Para mim, especialmente, essa experiência foi muito bonita. Até então eu só tinha vivido esse "despir-se" como mulher em casa, com minhas filhas, e vivê-lo em classe foi enriquecedor como mulher, mãe e professora.

— *Você tem peito como essa mulher.*

— Peito homem também tem, você tem, Ricardo tem, mas eu (mulher) tenho peito com mama para poder dar de mamar.

No final Ricardo recebeu vários presentes (de comida) e as despedidas calorosas...

As impressões de Ricardo...

Queridos,

Maurício, Rogério, Tula, Madá, João, Acauã, Danny, Avana, Emília, Juja, Vadico, Tamara e Madá.

Quero que saibam que eu gostei muito de estar com vocês naquela quarta-feira.

Nós vimos juntos o pombo por dentro, os músculos, o fígado, os pulmões. Alguns de vocês pegaram nas partes — coração, tubo digestivo, tubo de ar e eu me lembro do Rogério, Maurício, Tula e outros que queriam mexer em tudo. Sabe, eu ensino, na minha profissão, alunos que vão ser médicos e também médicos que já são formados e eles são como vocês; tem alguns que pegam em tudo e outros que não pegam, mas prestam "uma atenção"... e vêem tudo.

Depois, quando sentamos no chão em roda todos juntos e a tia Madá foi contando as coisas do corpo e eu mostrando o esqueleto do macaco e montando aquela mulher transparente, vocês todos começaram a mostrar nos seus próprios corpos, suas partes: as veias, esqueleto do peito (costelas), do braço, da mão, a cabeça com o cérebro dentro, os pulmões que se enchem de ar, as diferenças entre a mulher e o homem.

Vocês me mostraram algumas coisas nas quais eu tinha pensado, por exemplo, aprender a estar juntos, e quando a gente aprende, a gente ensina e vice-versa. Quando essa "transa é legal", a gente se sente bem.

Eu fiquei feliz também quando vocês todos me abraçaram no fim da nossa conversa.

Foram muito carinhosos e desprendidos, pois quando começou a chover e eu não podia ir embora ganhei lanche de vocês. Acauã me deu a metade do sanduíche, com o pão gostoso feito pelo pai, Rogério me deu uma mexerica e biscoitos, Maurício, metade do pão de queijo. Tudo muito gostoso.

A experiência para mim foi importante e fiquei impressionado (agora com a Madá) com o jeito das atividades, a sala com as coisas e o que é importante: vocês discutem e registram tudo no livro de estórias da classe. Fazem desenho e revivem as experiências vividas. Vi o livro (acho que foi a Avana que me mostrou) e senti que a turma tem uma história e quem tem história fica mais gente.

Um abração para todos vocês,
Ricardo

(A experiência de ter os pais trabalhando comigo proporcionou-me elementos a mais no conhecimento das crianças, pois pude observá-las trabalhando com um outro educador.

Aprendi muito com todos eles, desde o conhecer os órgãos da cobra, o fazer o pão, os micróbios crescendo na placa, o soro, as vacinas, até os encaminhamentos que cada um teve com cada criança.

Para mim, como professora, foram momentos de emoção e alegria, tê-los trabalhando juntamente comigo e com as crianças. Só lamento não ter gravado nossos encontros.)

Antes da vinda do Ricardo tivemos a visita do Jonatham (9 anos) que foi meu aluno há alguns anos, e que com a vivência do Acauã na escola, e com a vinda do pai, não se agüentou e veio também nos visitar...

Ele nos trouxe vários presentes: um "insetário vivo", com um louva-deus, um bicho-pau, dois casulos(!), ovos de aranha(!) e livros que ilustravam seus presentes.

As crianças ficaram fascinadas com os presentes, e eu ganhei um ajudante eficiente num dia trabalhoso: "pintar a camisa do Pré".

(Aproveito para, em linhas gerais, falar um pouco do nosso trabalho em plástica).

Nosso trabalho está centrado na conquista do início do realismo — onde a criança entre muitas coisas descobre que pode apresentar a ilusão ótica de que o céu vem até a terra — descobre o fundo.

Tenho sempre chamado a atenção das crianças para a observação do que vêem; onde quer que estejam:

— Se você olhar para cima o que tem? Se você olhar para os lados o que tem? etc.

— *O céu, a parede.*

Perguntas que desencadeiam descobertas, que *o céu vem até o chão*...

Paralelo a isso temos trabalhado técnicas de IMPRESSÃO que ressaltam FIGURA-FUNDO.

Essas técnicas "invadem" todas as áreas. Como foi o caso do quadro das nossas palavras:

Neste conhecer o mundo, os pais vêm à escola e a escola vai à casa das crianças e dos seus pais.

E foi assim que fomos à casa da Avana, a pé.

Zélia, mãe de Avana, escreveu-nos um bilhete-convite para lancharmos.

Conversando com Zélia, ela me falou do que estava pensando sobre marcar em fichas os pontos dos caminhos como indícios do caminho para que pudéssemos ir seguindo. Achei ótima a idéia, e foi assim que no dia, antes de sairmos, Zélia foi até a sala e na roda nos explicou como que tínhamos que ir seguindo as fichas.

Alaíde, que trabalha na casa da Avana, veio para ajudar-me na caminhada com as crianças. Apresentei-a ao grupo e outra vez "crachás" no pescoço. "Não pode correr", "não pode passar na frente da Madalena" e "não pode ir atrás da Alaíde" (isso porque eu ia na frente e Alaíde atrás), e RUA!

Na rua foi um deslumbramento!
— *Que placa é essa no chão?*
— É da Telesp — da telefônica.

— *E essa outra?*

— É da "válvula de incêndio".

— *Achei mais uma, de que é essa?*

— É da Sabesp — de cano d'água.

— *Olha uma de gás!*

E por aí foi... Seguimos à risca as indicações do "mapa" e o que íamos observando pelo caminho, que não tinha nas fichas, as crianças desenhavam numas fichas sobressalentes que Zélia tinha nos dado. Assim foi que registraram um rio que não estava nas fichas, o "ballet" da Avana. um carro que deu uma brecada bem perto de nós.

Pelo caminho, paramos num dos pontos do "mapa" que era a quitanda, e as crianças começaram a conversar com o quitandeiro:

— *O senhor é que é o dono?*

— *Quem vende aqui é só você?*

— *Por que o senhor não dá umas bananas pra nós?*

— *Mas tem que ser de graça, porque Madalena não tem dinheiro para pagar...*

E ganhamos catorze bananas (de presente) e comemos na maior alegria, todos rindo... ao mesmo tempo que de boca cheia: *Obrigado moço, o senhor é legal...*

E continuamos o caminho.

Afinal chegamos. Avana foi nos mostrar todas as partes de sua casa, seu quarto seus brinquedos.

Como os pais de Avana não estavam em casa — *meu pai e minha mãe também trabalham o dia inteiro* —, passei para Alaíde o "comando" da roda do lanche — ela serviu o bolo que tinha feito para nós (perguntamos a receita), uma gelatina colorida e suco.

Passamos um tempo brincando e depois voltamos, **agora de carro**, para a escola. E no outro dia a lição foi sobre o **caminho da casa** da Avana...

Gostaria de situar o que é a "lição". Pra que a lição?

A lição é o "diário" do que as crianças vivem em classe, todos os dias. Assim como eu, todos os dias, paro e escrevo o meu diário, o que fiz, reflito sobre o que vivemos e, assim, aproprio-me do meu FAZER cotidiano, a lição para as crianças é o registro do que VIVERAM OU ESTÃO VIVENDO, é o apropriar-se da sua prática diária. E por isso a lição "não cai do céu", não é pura repetição de exercícios mecânicos — alienados da vida das crianças.

Todas as lições têm a ver com alguma coisa.

Muitas lições são pensadas juntamente com elas ou inteiramente por elas como no caso das "lições inventadas", e até rodadas no mimeógrafo por elas.

Ainda sobre a lição, para que não se pense que o professor tem uma condução espontaneísta, onde tudo se espera da criança, e o que não surge delas não se trabalha, é a sistematização que a professora, obviamente, tem do processo de alfabetização. Em muitas ocasiões, ela lança desafios, organiza, encaminha a curiosidade das crianças na direção de descobertas essenciais desse processo, como, por exemplo, a das famílias silábicas, de que a vogal muda o som da consoante: que JA de JACA é da mesma família que JU de JULIANO e JO de JOÃO, etc.

Tendo esse objetivo, a professora poderá propor, por exemplo, um exercício em que as crianças tenham que fazer um círculo em JA de JACA, em JU de JULIANO e em JO de JOÃO.

Numa concepção onde o professor é dono exclusivo do processo de alfabetização, onde ele acha que só ele sabe, as crianças necessitam ser ensinadas, alfabetizadas, no fundo revela um profundo descrédito nas crianças, e vê a educação como mera transmissão de "conhecimento". O oposto de tudo isso se verifica na prática em que o professor não se coloca como dono exclusivo do que sabe mas, pelo contrário, **é através do que ele sabe que ele encaminha e sistematiza** os dados observados na prática das crianças, para que **elas próprias façam suas descobertas.** Pois, só assim, **atuando, pensando,** a criança vai se apropriando do seu processo de alfabetização. E é nesse sentido que o professor não alfabetiza a criança; ele organiza os dados para que a criança se alfabetize.

Especificamente quanto ao desenvolvimento da motricidade, tenho procurado trabalhar em cima dos movimentos que observo nas crianças — movimentos específicos ou trajetórios que vivemos, que passo para o papel, chegando assim no movimento motor "fino".

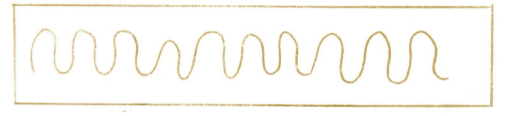

Caminho que fizemos, conhecendo o espaço da sala.

Porque nesse processo de descobrir, conhecer, registrar, elas estão descobrindo as suas palavras, a palavra de cada uma e do grupo. Elas estão descobrindo que são "DONAS" do seu processo de desvelar as palavras, de ler o mundo, de sua alfabetização.

Talvez se faça necessário falar aqui, em linhas gerais, de como é visto, por nós, o processo de alfabetização, propriamente dito.

Para nós ele não se inicia no Pré, porque o ato de ler não se reduz ao processo de leitura da palavra. A leitura da palavra é um momento fundamental desse processo. Mas a criança já faz várias leituras do mundo que a rodeia, antes do início da leitura da palavra.

É através da leitura de indícios, da representação simbólica, que a criança "escreve" o que ela já lê do mundo, que ela busca conhecer. É da leitura dos símbolos que mais tarde ela chega à leitura do SIGNO — da palavra.

Ignorar esse processo anterior à leitura da palavra é conceber o processo de alfabetização como algo mecânico — "recheado" de eficientes técnicas e métodos — estagnado, desenraizado da vida, do mundo. Por isso mesmo "a leitura da palavra dá continuidade à leitura do mundo 1, que já foi anteriormente iniciada. Ela flui desse mundo".

É na relação dinâmica entre palavra e mundo que a criança **pensa** sobre seu mundo, e se **apropria da sua palavra — do seu processo** de alfabetização.

— *Eu descobri TITIO.*

— *E como você descobriu?*

— *Tem uma menina que chama TITI daí eu juntei o O e ficou TITIO.*

— *Olha o que descobri: TU TAVA! (...)*

— *Sabia? Pato de trás prá frente o que fica? TOPA — TU TOPA?*

— *Eu descobri sozinha a escrever VACA...*

— Como foi que você descobriu?

— *Eu descobri EVA e depois juntei o CA, virou VACA...*

Desta maneira o papel do professor na alfabetização é o de quem organiza os dados para que as crianças se apropriem do seu descobrir, inventar palavras.

Neste sentido, o professor não alfabetiza a criança. Ele propicia organizadamente o "espaço" para que ela "se alfabetize". Assim cada vez mais virando sujeito no processo de sua alfabetização, ela vai criando a sua capacidade de ler palavras na crescente compreensão do mundo em volta.

Finalmente, gostaria de terminar dizendo que este relatório foi compartilhado com as crianças, pais, irmãos e tio que trabalharam **comigo em classe e na feitura deste**, e que ele se completa com nossa discussão na reunião.

Principalmente ele é um convite a que vivamos juntos este descobrir, este desvelar para que experimentemos juntos esta paixão de conhecer o mundo.

PS.: Nossas lagartas viraram casulo!!!
Estamos à espera agora das borboletas...

PS.: Nasceram nossas borboletas...

Madalena

---

1 — Freire, Paulo: *A Importância do Ato de Ler em Três Artigos que se Completam,* Coleção Polêmicas do Nosso Tempo, Cortez Editora, 1982.

RELATÓRIO DO PRÉ
1981 — Maio, Junho

Depois que nossa borboleta saiu do casulo e começou a voar pelo parque da escola, foi como se nós também tivéssemos criado asas e começássemos a viver pelas alturas... a explorar o céu, o espaço.

Justo nesse período, um raio de sol, sempre no fim do dia, vinha "pousar" numa de nossas plantas, perto de uma parede em arco da nossa sala...

Sua presença era sempre saudada por mim e pelas crianças...
— *Sol, meu querido, você chegou!...*
— *É um RAIO de sol, não é sol!*
— *Parece uma luz de lanterna!*

Para registrar simbolicamente a presença deste raio de sol, eu trouxe um pássaro de vidro, para pendurarmos na parede em arco da sala. Enquanto falava da minha intenção na roda, a imagem do arco-íris aflorou a uma das crianças. Nesse momento muitas idéias surgiram sobre como poderíamos fazer nosso arco-íris; se com tinta, se com giz, quantas cores seriam?

No mesmo dia surgiu um ARCO-IRIS "colorido e lindo", disse um deles, na nossa sala. Em seguida muitas borboletas e passarinhos "voando", pendurados no arco-íris...

Dias depois uma das crianças nos trouxe de presente um canário, que logo recebeu o nome de Mimi.

Foi a partir de uma longa conversa sobre onde iríamos pendurar a gaiola do Mimi, que o espaço da nossa sala se expandiu para além do "arco-íris", chegando ao teto — "o céu".

Talvez fosse interessante comentar aqui, a maneira como surgiu neste caso o canto do "céu". Essa expansão, porém, não resultou de um ato de decisão isolado meu, mas de uma vivência construída, por mim e pelas crianças. As crianças, neste caso como em outros, me vão,

imaginativamente livres, contando estórias em torno das experiências por nós vividas. Aproveito, então, para trabalhar a expressão escrita, marcando bem que é distinta da oral.

Na verdade, as conversas de onde surgiu o "canto do céu" foram a **representação** de todas as nossas vivências anteriores: borboleta voando, raio de sol dentro da nossa sala, passarinho, arco-íris, canário que voa no céu...

O SOL QUE BRILHA OU O SOL QUENTE

"*Nós estávamos conversando na roda sobre onde iríamos pendurar o Mimi, quando tivemos a idéia de colocá-lo no arco-íris. Mas Madalena explicou que não era um lugar bom porque a gaiola ia ficar balançando e o Mimi podia se assustar.*

Então JUJA teve a idéia de a gente fazer um sol e pendurar o Mimi no sol. Com essa idéia da JUJA, o Maurício teve outra. O Rogério também teve a mesma idéia ao mesmo tempo! De fazermos um céu na nossa sala com um sol!!!

Madalena trouxe no outro dia um pano bem fininho e nós começamos a combinar como iria ser o céu.

Discutimos bastante se o céu iria ser todo azul ou todo branco, com nuvens azuis. Como estava muito difícil de decidir fomos até a janela para observar como era mesmo o céu. Então decidimos que o céu seria todo azul com nuvens brancas.

Todo mundo trabalhou muito, até acabarmos de fazer o céu. Mas valeu a pena porque ele ficou bonito. Bonito não, ficou lindo, lindíssimo!!! (Vimos também nesse período um livro sobre os afrescos de Miguel Angelo na Capela Cistina.)

Com este "sol que brilha" e "o sol quente" sobre nossas cabeças, entramos numa nova era:
— *Sol é estrela ou planeta?*
— *Cuidado, que ele vai queimar teu cabelo!*
— *O Sol é superquente...*
— *Meu pai falou que é uma estrela de fogo!*

Paralelo a essas questões vínhamos acompanhando as notícias sobre o "Columbia". Quantas voltas iria dar em torno da terra, quando iria retornar à Terra, etc.

Líamos sempre jornal na classe e conversávamos sobre quem tinha visto "o jornal da televisão" no dia anterior.

Foi a partir daí que comecei a trabalhar a notícia, o que é um jornal. Nesse momento é que nasceu nosso jornal. Cada criança trabalhou a sua notícia, diagramando cada um como queria.

A partir do grande interesse despertado em torno de notícias, começamos a discutir sobre os programas de televisão a que assistiam. O jornal com as notícias, as propagandas: *É verdade ou mentira tudo que tem na propaganda?*, personagens de "Viva o Gordo", novelas, etc.

— *Só existe a Terra?*
— *Não! Ora! Tem muitos outros planetas!*
— *Tem Saturno! Eu vi na televisão.*
— *Tem Lua!...*
— *Não, Lua não é planeta.*
— *E o que é a Lua então?*

— *(...) não sei.*

E como uma corrente, rio abaixo, eis que surge um vulcão!!...

Vimos numa revista uma matéria sobre a erupção do vulcão Santa Helena, nos Estados Unidos.

De olhos grudados na revista lemos e relemos várias vezes.

— *Sai fogo?*

— *De onde vem o fogo?*

— *A lava mata, sabia?!...*

Em "erupção", eu e as crianças começamos nossos estudos sobre Sol, Planetas, Lua e vulcões...

No mesmo dia mandamos bilhete para os pais pedindo material. Durante esse período reservamos na "roda" um tempo para nossas pesquisas. E cada dia eu trazia esmiuçado, no meu diário, o que tinha estudado sobre o Sol, Planetas, Satélites, Lua e Vulcão.

Faço questão de frisar para as crianças **o que estudei.** No início houve alguns espantos: *Você não sabia? Teve que estudar?* Mas agora pelo contrário, quando trazem material de casa: *Eu empresto para você estudar em casa, tá?*

Tenho observado nas crianças uma certa alegria ao descobrirem que eu também estudo e aprendo.

— *Estamos estudando planetas!*

— *E sol também!*

Daí a satisfação que têm em me proporcionar materiais de estudo, como no dia em que, saltitantes, entraram pela sala adentro, gritando: —*Vamos começar a estudar osso de tubarão?...*

Toda a informação foi vivida, na medida do possível, no concreto. Assim, para vivermos o dia e a noite, escurecemos a sala e com uma bola de isopor (a terra) e uma lanterna (o sol) iluminamos a bola. Metade clara, metade escura. Metade das crianças estavam "na noite", metade no dia.

O mesmo fizemos com a lua girando em torno da terra para que percebessem as suas fases. Para esta atividade tive a assessoria do Gogui, pai do Acauã, que me forneceu o abajur devidamente preparado para conseguirmos o efeito desejado.

Depois desta experiência alguém comentou:

— *A gente só tem o dia, na nossa sala.*

No princípio não entendi e perguntei: — Como? — *Claro, Madalena, aqui nossa sala tem o céu com o sol... e por que a gente não faz a noite na outra sala?*

Foi um: —*Eu topo! Eu topo!* geral.

E no dia seguinte surge a noite em nosso espaço, com a terra e a lua girando em sua volta...

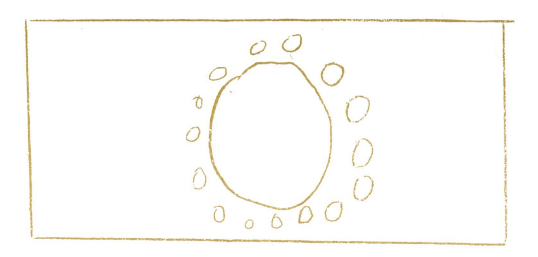

Ao mesmo tempo trabalhamos numa construção de barro de um vulcão (que nasceu de um outro que estavam fazendo na areia), onde pusemos fogo... Foi o grande acontecimento durante a semana, em toda a escola nesse período. Ignácio, pai da Juja, veio projetar alguns *slides* sobre vulcão, alguns sobre a Lua e a Terra.

Também desenvolvemos algumas brincadeiras onde as crianças eram os planetas, algumas, seus satélites e eu, o sol. Foi uma farra geral...

Depois dessa atividade ofereci bolas de isopor para fazermos os planetas e seus satélites.

Talvez fosse interessante nesta altura chamar a atenção para o fato de que, em nossa prática, fugimos a qualquer rigidez no que diz

respeito, por exemplo, ao planejamento das atividades com as crianças.

O planejamento das atividades se faz e se refaz, dinamicamente, na prática, juntamente com elas. É por isso que muitas vezes nos detivemos no estudo de assuntos considerados pela programação oficial (que sempre precede a prática), como sendo próprios de outros níveis de ensino. Estipula-se de antemão o que a criança deve conhecer e inclusive o como, matando, assim, a criação do professor.

Surgiu, porém, um problema: Tínhamos 20 satélites, quantos satélites existem ao todo? Quantos faltam?

— *Espera que eu vou buscar seu diário* (pois sabem que tudo que estudamos está lá)!

Creio que seria oportuno salientar a importância do diário, como instrumento de reflexão constante da prática do professor. Através dessa reflexão diária ele avalia e planeja sua prática.

Ele é também um importante "documento", onde o vivido é registrado, juntamente com as crianças. Nesse sentido educador e educando, juntos, repensam sua prática.

Com o diário na mão fui lendo minhas anotações e escrevendo numa folha, enquanto as crianças iam desenhando os satélites:

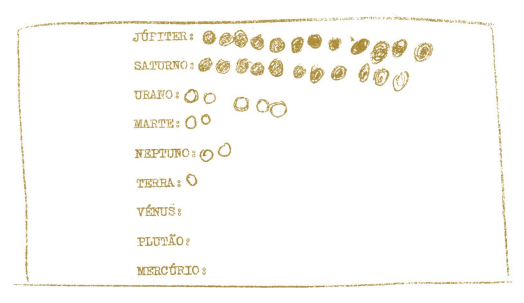

Contamos o total dos satélites — 33. Pedi para pintarem os 20 que tínhamos, e contaram quantos precisávamos para completar os 33 — 13.

É a partir de situações concretas e algumas centradas no corpo que venho trabalhando em matemática, correspondência biunívoca e unívoca, soma, conceito de numeral e escrita dos números.

Com a "febre" dos álbuns aproveitei para lançar a proposta de cada um fazer o seu álbum. Que poderia ser de qualquer tipo (quis observar o tipo de classificação que fariam). Surgiram dois tipos: álbum de palavras e de bichos. Decidiram que à página 1 corresponderia 1 figurinha, à página 2, duas figurinhas, e assim até a página 10.

Depois contamos, somamos todas as figurinhas das 10 páginas do álbum: 55 figurinhas.

Aos poucos todas as questões que estavam anotadas no nosso quadro das dúvidas (do não sei) foram passando para o "quadro das descobertas" — (o que já descobrimos, já sabemos):

 — *O Sol é uma estrela.*
 — *A gente vê ele grande e quente porque a terra está perto dele.*
 — *O Sol é uma bola de fogo.*
 — *Nove planetas giram em volta do sol(!)...*
 — *Júpiter é o maior planeta!*
 — *Satélite é filho de planeta.*

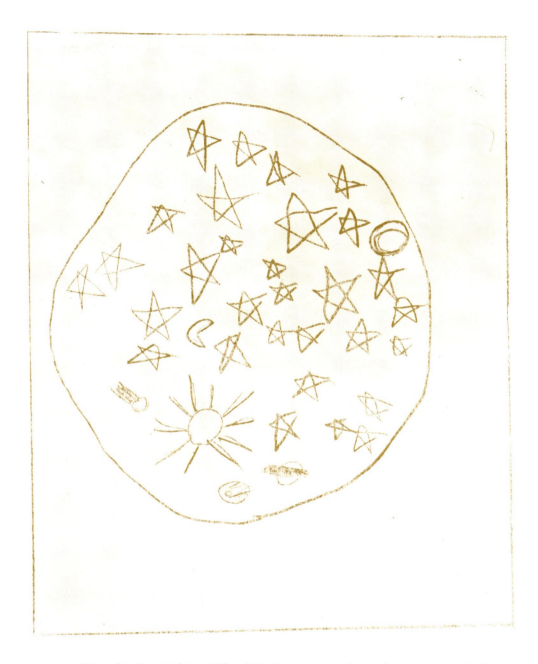

Depois de muitas dificuldades conseguimos ir ao planetário... Trocamos nosso horário de trabalho, viemos à escola pela manhã ao invés da tarde.

Escrevemos bilhetes aos pais falando da nossa ida ao planetário e combinamos um lanche coletivo para depois da visita — "lanche de todo o mundo" com nossa toalha nova — feita por nós aproveitando os retalhos que cada um trouxe.

Às oito horas da manhã de um dia frio e nevoento, nos encontramos na escola e partimos para o planetário!

Lá, diante daquele espetáculo de céu aberto, redondo, salpicado de brilho sobre nossas cabeças, meu coração palpitando, as crianças cochichavam:

— *Olha o Júpiter!*

— *O sol...!*

— *Olha a cidade em volta da gente!*

— *Vênus, Vênus.*

— *Por que esse moço só fala coisas que a gente já sabe?*

A nossa descoberta principal foi saber que Júpiter não tem 12 satélites, como pesquisamos e sim, segundo as informações do planetário, que tem 14 satélites!

— **Tá vendo? Se a gente não fosse lá nem ficava sabendo...**

— *Igual no Butantã, lembra? A gente pensava que a aranha era a tarântula e era a caranguejeira...*

Antes de irmos ao planetário tivemos outras saídas: fomos lanchar na casa da Madá – Nalva veio nos ajudar, na caminhada; seguimos o mesmo percurso da casa da Avana, pois as crianças queriam levar presentes para o quitandeiro: desenhos e alguns limões.

Essa caminhada foi especialmente bonita para mim porque pude sentir juntamente com as crianças uma emoção alegre carregada de afetividade ao encontrarmos o quitandeiro:

— *Oi, tudo bem? Lembra da gente?*

— *Nós viemos trazer um presente para você.*

— *Como é mesmo o seu nome?*

— "José Luis", respondeu o quitandeiro meio atônito,

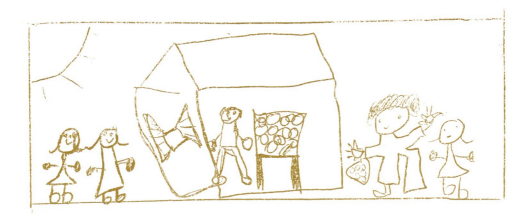

emocionado... e começou a dar mais bananas para as crianças(!). E alguém comentou: — *Essa estória nunca vai acabar... ele deu banana, a gente trouxe presente, agora ele dá mais banana...! Essa estória nunca vai acabar...*

Todos se lembravam do percurso e à medida em que íamos andando iam recordando tudo que já tinham visto.

— *Lembra que foi aqui que o carro deu aquela brecada?*

A outra visita foi à casa da Emília. Estávamos no auge do interesse pela marcenaria e soubemos pela Emília que seu pai sabia fazer "muita coisa" na marcenaria. Recebemos um bilhete dos seus pais com "o mapa" do caminho a percorrer para chegarmos à sua casa.

Faltavam alguns pontos que descobrimos pelo caminho e que registramos no mapa: casa de conserto de televisão, sapateiro, barbeiro, papelaria.

Dois fatos me chamaram a atenção durante a caminhada. Em todos esses lugares por onde passamos, as crianças faziam questão de entrar, perguntar o nome de cada pessoa, o que faziam:

— *Como é seu nome?*

— *O que você faz aqui?*

— *Você escreve seu nome na minha ficha? Seu nome eu ainda não aprendi...*

— *Sabia que eu moro aqui bem perto?*

Creio que esse comportamento vem da relação que foi vivida e valorizada por mim, com José Luis, o quitandeiro.

Na casa de Emília, um espaço maravilhoso, cheio de cantinhos para explorar, escadas para subir e descer... Começamos a atividade, buscando as ferramentas do pai da Emília, ajudando a carregar sua pesada mesa de marcenaria. Ele explicou como iria fazer a cadeira. Ajudamos no início a fazer o contorno de suas partes e acompanhamos seu trabalho e os cuidados com a serra elétrica. Lanchamos no meio da atividade. Já que havia bolo no lanche, aproveitei e escrevi fichas com

BOLO — enquanto lanchávamos. No final **lixamos** as partes da cadeira, montamos e voltamos com nosso troféu para a escola. Despedidas e agradecimentos.

E aqui o 2º fato que me chamou a atenção: encontramos pelo caminho, duas crianças negras que estavam sentadas no portão. **Imediatamente algumas crianças começaram a gritar:** *Moleque! Moleque!*

— *Odeio gente preta!*

— *Neguinho!*

Intervi na hora, **com energia:** — Eles têm nome!

Parei e comecei a conversar com as duas crianças, perguntei seus **nomes — Maria Lúcia e José Luis —,** se moravam ali, e falei que nós éramos de uma escola ali perto.

Fiz questão de marcar para as crianças um modelo de relacionamento bem distinto do que tiveram. E constatar como o comportamento que tiveram já vem entranhado desde cedo...

Transcrevo a carta que recebemos dos pais:

Querida Madá e alunos do Pré

Ando morta de vergonha por não ter escrito ainda para vocês. Espero seja perdoada por tanta demora. Ainda mais que estava doida de vontade de contar a vocês que adorei a visita que vocês fizeram aqui. Aquela folia toda para conhecer a casa da Emília, essa casa cheia de espaços para descobrir e a transa de fazer a marcenaria com Uraci, e eu assim na maior agonia, será que vai sair mesmo a tal cadeira? E não é que saiu? Depois já a vi pintada aí na escola, ficou linda, não foi? Depois a confusão na hora do lanche, descobrindo misturar pipoca com gelatina, uma revelação —e não é que vocês gostaram e comeram? E por fim a hora de voltar para a escola, o divide todo o mundo, todo mundo cheio de madeira, o João e o Acauã carregados dizendo que agüentavam sim, e lá vai a gente naquela ladeirona, aí pinta o pai do João, todo o mundo quer montar na moto mas não dá, vamos todos andando, aí teve um lance que achei incrível, que foi quando vocês viram duas crianças e começaram a chamá-las de moleque e Madá com aquele vozeirão: "Eles têm nome..." Perguntaram o nome deles e, parece, ficamos conhecendo um pouco sobre essas crianças que a gente não conhece e que fica pela rua, foi uma hora legal e que ficou guardada. Depois a transa de atravessar a rua na chegada da escola. Aquela euforia, um pouco de cansaço, mas uma grande alegria.

Queria dizer que gostei tanto que, se vocês quiserem, podemos transar no segundo semestre um novo dia juntos, que posso fazer um bolo de aniversário, assim vocês inventam uma história e a gente tenta fazer um bolo com essa história, é só combinar, e aí eu mato um pouquinho a saudade de vocês.

Um beijão bem grande para todos,

Regina

Eu ia escrever uma carta para vocês dizendo que adorei que vocês vieram aqui. E que gostei muito de ter trabalhado com vocês. Mas eu sou muito preguiçoso para escrever. Aí, também, eu li a carta da Regina, que estava também participando, e vi que ela já disse quase tudo que eu queria dizer. Quero só lembrar que está de pé a palavra dada para fazer o banco de carpintaria para vocês trabalharem aí na escola. E

se vocês combinarem de vir aqui eu vou fazer força para ajudar no trabalho e para comer o bolo que a Regina tá prometendo.
Um beijão muito grande também,

Uraci

JOGRAL

Aproveitando uma situação na "roda", onde algumas crianças brincavam de repetir o que a outra falava, lancei a idéia do JOGRAL. Pedi que escrevessem o que estavam falando: — AÉÉ.... AÉÉ.... AÉÉ... — e lessem todos juntos. No final, com olhos desmanchando-se num riso de surpresa e alegria:

— *Como é o nome disso?*

— Um jogral. Querem ler no dicionário o que significa? E assim nasceu nosso jogral.

No dia seguinte, um livro de rimas na "roda", e desde então separamos um tempo para o ensaio do jogral:—*Pedro Pereira Pinto, Pobre, Pintor, Português, Pintava Portas, Paredes, Painéis, com seus pincéis...*

Também estudamos duas outras rimas.

É neste espaço que venho trabalhando, além do significado do trabalho, a linguagem oral, o sentido das palavras, a entoação na leitura, rimas, poemas, etc.

Já planejando a passagem do jogral para o coral, comecei a cantar as várias situações, as próprias rimas que estávamos ensaiando, ou simples chamados: —*Feche a porta.* —*Quem vai buscar o barro?* —*Eu vou tomar café,* etc.

Não demorou muito e apareceu na "roda" o livro *A Arca de Noé* de Vinicius de Moraes (as crianças conhecem todas as músicas da versão em disco). Logicamente não perdi a oportunidade, e o coral do PRÉ, desde esse dia, ensaia religiosamente (3 vezes) músicas da *Arca de Noé*.

Caminhando pela mesma corrente vem o teatro, que completa o jogral e o coral. No início não se entendia nada do que falavam, na verdade gritavam uns com os outros. Com o trabalho do jogral e do coral e encaminhamentos meus, específicos para uma melhor organização espacial, o teatro foi ganhando corpo. Seus personagens agora são antecipadamente combinados, vestem-se no camarim, entende-se o que falam e recebem palmas no final.

Para o enriquecimento do que estávamos vivendo, fomos ao teatro de "verdade".

Voltaram entusiasmados: —*Eu gostei muito de tudo,aliás, eu amei tudo.*

Tivemos sorte porque a peça *Luzes e Sombras* continha muitos elementos que estávamos vivendo — com nossas experiências

em projetar o sol, a lua, a terra...

Basicamente era contada tendo várias músicas de repertório das crianças — o que "casava" com nosso coral...

É dentro de todas essas vivências, e especificamente: "nosso livro de estórias do Pré", "nosso jornal", "nosso teatro", "nosso jogral", "nosso coral" e o "caderno de escrever"(*) de cada um, que o processo de alfabetização propriamente dito vem se completando.

Como processo ele vem sendo vivido com bastante tranqüilidade e cooperação das crianças umas com as outras. Quando alguém não reconhece alguns dos fonemas, sempre aparece um que ajuda.

Através de 20 palavras geradoras que mobilizam as crianças, estamos trabalhando todos os fonemas simples.

Alguns já descobriram que a vogal varia: "Tem MA o MI, ME, MO, MU...", e assim com todos os outros fonemas: o TU, TA, TE, TO, TU, TI, etc.

Atualmente venho trabalhando, centrando os desafios para esta descoberta das famílias silábicas.

A alegria é grande e contagiante quando contam em nosso quadro de palavras: 76 palavras:

— *Nós já sabemos ler tudo isso.*

— *Que nada, sabemos até mais... Tem muita palavra que não está no quadro,* e dirigindo-se a mim: — *Viu, Madalena!...*

Para terminar gostaria de agradecer ao Tucha, pai do João, que veio fotografar nossa sala, atividade que não cheguei a descrever neste relatório, como também a de Ignácio a quem rapidamente fiz referência.

Gostaria de sublinhar que algumas questões deste relatório não foram suficientemente tratadas. Procurarei desenvolvê-las nos próximos relatórios.

(*) ...Uma das crianças trouxe certo dia uma cartilha. Senti um forte interesse por parte de todos e perguntei se gostariam de ter um caderno para escrever as palavras que estávamos aprendendo. E assim nós mesmos faríamos nossa "cartilha".

Foi o "oba geral"!: — *Topamos! Topamos!* E assim no outro dia trouxe um caderno para cada um e começamos a escrever todas as palavras que estamos aprendendo.

Através do caderno venho trabalhando a localização espacial na folha, na linha.

RELATÓRIO DO PRÉ
1981 — Agosto, Setembro e Outubro

Eu sou menino, você é menina.

I

No fim do 1º semestre, exatamente no último dia de aula, surgiu de modo embrionário a formação de dois subgrupos, meninos e meninas. Numa atividade com barro, os meninos se agruparam para a construção de uma pista, e as meninas para a construção de um castelo.

Observei que daquele momento em diante algo iria mudar na dinâmica do grupo. Na verdade, aquele estava sendo o primeiro momento em que meninos e meninas se **organizavam enquanto grupo,** na construção e elaboração de um produto comum.

É importante frisar que, desde o início do ano, eles já percebiam suas diferenças — em relação um ao outro — mas ainda a nível individual.

A configuração da nossa roda por exemplo: de um lado sentavam-se (e sentam até hoje) meninas, e do outro, os meninos. Na sala a mesma disposição para as mesas.

Num movimento crescente de busca da identidade, parecia que se fazia necessária uma separação física, cada vez mais explícita, para o conhecimento dos papéis masculino e feminino.

De fato, com a explicitação dos dois grupos, a dinâmica como um todo, mudou radicalmente. Defrontei-me, no início deste bimestre, com os dois grupos num comportamento hostil, e num movimento ambíguo de amor e ódio, "atração-repulsão". Antes de tudo, estava claro para mim que esta forma de relacionamento escondia a real necessidade de estarem mais próximos — de se tocarem, de se conhecerem. Estava claro para mim também que a formação dos dois grupos era um desafio de crescimento, tanto para as crianças quanto para mim.

Para as crianças a necessidade de marcarem bem suas diferenças — menino e menina , e para mim, iniciar um trabalho em cima dos estereótipos masculino e feminino, possibilitando que se percebessem como cada um é.

Em momento algum brequei a organização dos dois grupos. Pelo contrário, minha preocupação foi a de justamente trabalhar a partir da explicitação dos dois grupos.

Depois de alguns dias de observação, vislumbrei um caminho a seguir, que foi o seguinte:

1 — Enfatizar a organização dos dois grupos, através de atividades, tendo uma única proposta para eles. Estimular a cooperação entre seus elementos e de grupo para grupo.

2 — Explorar situações que envolvessem todo o grupo.

Foi através de propostas de desenho e colagem, e na revisão das palavras e fonemas simples que já havíamos visto no 1º semestre, que comecei a trabalhar a organização de cada grupo.

Arrumava os materiais básicos em duas mesas, explicava a proposta e deixava que se agrupassem como preferissem. Deixava sempre claro que a proposta era a mesma para os dois grupos.

Ao mesmo tempo, surgiu por acaso, uma situação em que uma criança trouxe uma xícara de chá para a classe, e algumas começaram a pedir um gole de chá... Quando vi essa cena, me veio a imagem do "cachimbo da paz". Falei dele para as crianças e logo percebi que os tinha tocado... Combinamos então que sempre no início da "roda", tomaríamos o "cachimbo da paz".

Surgiu desse modo, a primeira chance de trabalhar o grupo como um todo, no gostoso de bebermos juntos aquele chá símbolo de nossa amizade. Sempre uma das crianças buscava, na cozinha, a xícara de chá, e o ritual acontecia todos os dias antes de começarmos nosso trabalho na "roda".

Meu encaminhamento na organização e condução da roda também mudou a partir daí. Até então nossas conversas, discussões e planejamentos não necessitavam de nenhum apoio, nenhuma pauta escrita. Comecei a sentir que os assuntos eram muitos, todos queriam falar sobre tudo, e no final nos perdíamos no emaranhado de mil questões.

Comecei então a anotar numa folha, no meio da roda, tudo o que queriam discutir, mostrar, etc.

Seguíamos os **assuntos**: quem tinha algo a mostrar ou a dizer, se inscrevia para tal. Os assuntos já discutidos eram marcados com um traço.

Com este encaminhamento tive muitas chances de trabalhar a relação indivíduo-grupo (dando ênfase à cooperação) e o espaço de cada um na construção do todo.

Nesse período, de **cóccis** fraturado, andava com meu "aro de espuma", que logo as crianças apelidaram de ROSCA, o que me possibilitou, com êxito, explorar o S no meio e no final da palavra.

No dia seguinte propus: já que estão falando tanto da minha rosca, vamos fazer uma rosca? E fizemos nossa rosca, outra situação de trabalho, de que o grupo como um todo participou.

No final do dia, comíamos nossa rosca com um coro de muitos unh!... unh!...

De repente, alguém pergunta:

— *Por que não fazemos também sempre, um "cachimbo da paz" de comida?*

Aplausos efusivos para a idéia, e mais que depressa alguém se oferece para trazer um bolo no dia seguinte... No outro dia o bolo chega realmente (!), e desse dia em diante, iniciamos nosso 2º ritual de amizade com nosso "cachimbo da paz de comida". No fim do dia a escolha de quem vai trazer qualquer coisa é espontânea. Quem quer, se oferece. Há dias que três, quatro crianças se oferecem.

(Venho trabalhando muito através da repartição da comida, do cachimbo — matemática: conjunto, subconjunto, quantidade de elementos, soma e escrita dos números de 1 a 9.)

Outro acontecimento importante, dentro dessa ambigüidade "atração-repulsão", que descrevi no início, foi o surgimento da idéia de termos um baile sempre depois da lição.

Um dado importante foi que minha atuação nesse jogo foi fundamentalmente de ponte entre os meninos e as meninas.

Como desde o início a minha leitura da hostilidade entre os grupos foi a da necessidade de se tocarem, de se aproximarem, eu não podia, bruscamente, jogá-los um diante do outro... E aí estava meu desafio: como chegar lá?

Num primeiro momento a aproximação foi feita através do "cachimbo da paz". No segundo momento, através do baile. Minha atuação foi a de garantir a explicitação da vontade de todos, de aproximarem-se, conhecerem-se; logo a vergonha foi passando.

Na medida em que os meninos iam dançando comigo, eu os encaminhava para outro par, e assim no fim tínhamos um baile — meninos e meninas dançando.

Eu de ponte e no comando:
— TROCA DE PARES!
— MENINO COM MENINO!
— MENINA COM MENINA!
— MENINO COM MENINA!

SUCESSO TOTAL! Passamos uma semana em que a atração máxima era o baile...

Satisfeita a curiosidade, o "jogo" do baile foi baixando e apagou.

II

Da minha observação de um jogo com bonecos de barro nasceu a proposta de fazermos fantoches — mais uma oportunidade para trabalhar o grupo como um todo. Foi um trabalho longo, dividido em várias etapas:

1 — Picar o papel jornal.

2 — **Pôr de molho** na água com cândida.

3 — Enquanto o papel estava de molho, em artes plásticas fui trabalhando o figurino dos personagens — primeiramente em desenho, depois em costura com papel, e por último com tecido.

4 — Escorrer a água, lavar o jornal e fazer a massa com farinha de trigo.

5 — Fazer os bonecos.

6 — Pintar.

7 — Vestir os bonecos.

8 — Teatro.

Durante a primeira etapa, cada criança tinha uma bandeja individual, na qual ia pondo o papel que picava. Em seguida todas as crianças punham, num balde do grupo, todo o papel que cada um tinha conseguido picar. Fez-se um silêncio, uma calma profunda. Para mim foi interessante observar o silêncio que envolveu o grupo após esse momento em que se encheu o balde comum com o papel picado por todos. Como se aquele momento estivesse sendo para cada criança um momento único, era como se cada criança se estivesse percebendo, avaliando suas conquistas em relação ao comportamento hostil que haviam tido entre elas, no início do bimestre.

Senti que haviam crescido e que, por isso mesmo, já estavam em condições de explicar mais seus desejos. Mas a explicitação teria que se dar através de mim ainda.

Chamei atenção para o silêncio gostoso, e comecei a contar uma estória, "que quando eu era criança, gostava de um menino, mas que eu tinha vergonha de contar para ele... e então eu cantava uma música com seu nome onde falava que eu gostava dele, mas eu dizia que não era ele, era outro menino..."

E comecei a cantar a música:

"Você gosta de mim Luciano, / eu também, de você, Luciano, /vou pedir a seu pai, Luciano, para casar com você, Luciano..."

À medida que ia cantando, um ar de risonha compreensão e cumplicidade foi aflorando no rosto de todos.

Em seguida fui cantando com o nome de cada criança e rapidamente a música tomou conta da roda, num misto de confissão e alegria descontraída, declaravam, cantando, que se gostavam.

A partir desse dia, sempre quando estávamos todos reunidos, alguém começava a cantar a "música do Luciano", cantando com o nome de cada um.

Como estávamos trabalhando em alfabetização 1, invariância da consoante e a variância da vogal — a descoberta das famílias silábicas MA ME MI MO MU — RA RE RI RO RU, etc., introduzi outra música explorando as consoantes:

"O A é uma letra que faz parte de ABC, / Avana, você não sabe como eu gosto de você.../Acauã você não sabe como eu gosto de você.../ O D é uma letra", etc...

E assim fomos cantando todos os nossos nomes dentro do abecedário.

Essas duas músicas nos acompanharam durante toda a confecção do fantoche, enquanto trabalhávamos todos num só grupo. Ela se tornou o símbolo da atividade e ao mesmo tempo um canal de expressão dos desejos não explícitos das crianças.

Antes da etapa final do fantoche — o teatro com cortina — tivemos "ensaios" em vários níveis:

1 — Escolha dos personagens — ensaio com roupa, explorando o movimento dos braços correspondente aos dois dedos das mãos.

2 — Uma etapa onde as crianças trabalharam somente com a cabeça do fantoche sem roupa.

E finalmente o "teatro com cortina", que se desenvolveu em duas etapas:

1 — Numa primeira etapa, todos se apresentavam juntos, atrás da cortina, o que significava que ninguém entendia nada do que diziam, todos falavam ao mesmo tempo num verdadeiro burburinho de ações.

Comecei a intervir no sentido de questionar se a platéia (crianças de outras classes da escola) estavam entendendo (e em muitas ocasiões, até ouvindo no meio da gritaria) o que diziam — trabalhando a relação dinâmica ator-platéia.

Ao mesmo tempo comecei a observar mais atentamente, se não estava acontecendo algum tipo de agrupamento entre as crianças que possibilitasse a apresentação do teatro através dos grupos.

---

1 — Neste 2º semestre iniciamos a revisão de todos os fonemas simples, através de atividades de jogos e cartas, ditado, e lições inventadas por mim e pelas crianças. Iniciei a partir daí um trabalho sistemático para a descoberta das famílias silábicas: arrumar as palavras que iniciassem com os mesmos fonemas ou parear palavras que começassem com os mesmos fonemas, etc.
Paralelo a isso, muitas crianças já estavam lendo e construindo frases; comecei então a trabalhar a formação de frases. No início frases curtas: Eu comi banana. Eu tomei vitamina.
Tudo o que me contavam de muito importante pedia para que escrevessem e devolvia em forma de lição.
Atualmente estou iniciando um trabalho através de pequenos textos, sobre a vida do grupo, inserindo assim a frase no texto.

Suspeitei que havia, e encaminhei a organização do teatro, pedindo que cada um me fosse falando sobre seu personagem: nome, o que ele fazia, se ele ia aparecer sozinho ou junto com outro personagem, como era sua estória, etc.

À medida que eu ia formulando as perguntas e anotando as respostas numa folha de papel, foi ficando claro que cada personagem estava dentro de um grupo; agrupados através de três interesses:

1 — **Princesa e a Fada.**
2 — **Super Heróis.**
3 — **Mãe e Filha.**

— Eu sou a princesa que tem um gato. O gato é ....
A fada é ....
— Eu sou o homem-aranha que luta com o espectro-man que é o .... Eu sou a mãe e a filha é ....
2 — E assim se configurou uma estrutura organizada para a apresentação do teatro; cada grupo fazia sua apresentação, enquanto os outros assistiam.

Com esta estrutura as próprias crianças organizaram-se sozinhas, sem mais necessitarem de minha intervenção direta.

Atualmente o desafio maior é fazer uma apresentação para toda a escola.

Em cima desse desafio venho trabalhando os elementos **coreográficos**: cenário, luz e som.

III

Foi a partir do surgimento do "cachimbo da paz" que começamos nossas pesquisas sobre índios.

— *Estamos estudando índio agora, não é?*
- *Vou trazer uns livros lá de casa...*

E nos dias que se seguiram, cada dia era um livro, um objeto fatos sobre índios, num movimento de pesquisa constante.

Todos os livros que as crianças traziam, eu separava para estudar. No outro dia expunha resumidamente o que havia estudado.

A partir daí anotávamos nossas descobertas e nossas dúvidas.

Separei um espaço, um tipo de painel onde fomos fixando, pendurando, tudo o que as crianças traziam sobre o assunto.

Enquanto pesquisávamos tipo de habitação (a construção da oca com palha de Buriti), lancei a proposta de fazermos uma cabana no parque da escola. Aceitaram imediatamente. Meu objetivo continuava a ser, através da construção da cabana, trabalhar os dois grupos: menino-menina.

A participação dos dois grupos se efetuou de modo bastante cooperativo e a alegria foi geral no final quando viram a cabana terminada:

— *Acabamos, está pronta a nossa cabana, a cabana do PRÉ!*
E imediatamente começou um jogo, de todo o grupo, onde índios e índias entravam e **saíam** da cabana, conversando:

— *Mim mora aqui.*
— *Mim também mora aqui.*
— *Mim ser índio.*
— *Mim ser índia.*

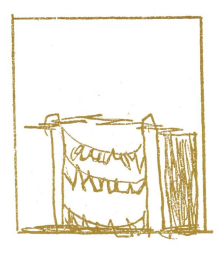

Sonia, responsável pelo trabalho de pais da escola, contou-me que havia estado numa aldeia em Mato Grosso. Falei com as crianças e combinamos com a Sonia um dia para que ela nos falasse sobre o que viu. A vinda da Sonia provocou nas crianças a constatação de que tudo aquilo que estávamos pesquisando ("estudando") nos livros era verdade mesmo...(!) Então a cada encontro com algo que já havíamos visto — sobre as construções das ocas, sobre o buriti, sobre alguns hábitos — imediatamente repetiam: *isso nós já sabemos, nós vimos no livro isso.*

Sonia também nos mostrou alguns objetos, falou-nos sobre alguns rituais quando o menino e a menina entram na adolescência, disse de uma dança da qual participou juntamente com os índios, e que nos ensinou também. Esse na verdade foi o grande momento para as crianças. No fim do dia organizaram a "dança do índio", onde todos pintados dançavam repetindo os movimentos e sons descritos pela Sonia...

Depois da vinda da Sonia tivemos um período onde li algumas lendas e pesquisamos sobre índios de outros países — da América do Norte, México, Peru e Colômbia. Esse foi um período muito rico, pois as crianças começaram a fazer comparações sobre as diferenças e semelhanças que existiam entre um povo e outro.

Surgiu nesse período um álbum de figurinhas, muito bonito, sobre raças, em que se salientava a cultura de cada povo. Aproveitei para trabalhar, através do álbum, as relações dos seres humanos com o mundo, com a natureza. Relações em que, transformando a natureza, criando e recriando as coisas através do trabalho, fazem cultura. Por isso, tem a mesma importância, o mesmo valor, o trabalho de qualquer ser humano, seja índio, branco, preto ou amarelo.

Depois desse período tivemos a visita de um índio — Marcos —, e depois a visita a uma pequena exposição na USP sobre índios do Xingu.

A visita do Marcos foi um momento importantíssimo para todos nós. Especialmente para mim foi um dado avaliativo muito especial, de tudo o que venho vivendo nesse período com eles. Durante todo esse processo de pesquisa sobre os índios, em vários momentos eu me questionei se realmente tudo que estávamos vendo, "estudando", como eles próprios gostam de falar, era tão importante assim como eu estava sentindo que era, para eles.

E o que aconteceu durante a visita do Marcos foi para mim um *video-tape* de todas as etapas que havíamos vivido até aquele dia. Todas as nossas dúvidas, nossas descobertas, foram checadas, não esqueceram de mencionar uma sequer.

Logo de princípio eles próprios se organizaram para a conversa com o Marcos — uma das crianças buscou a folha onde estavam anotadas nossas dúvidas, entregou-me para que fosse registrando o que Marcos ia respondendo, e o "ping-pong" começou:

— *Os Suiá é a mesma tribo do Xavante?*

— *É verdade que os Botocudos usam uma madeira nos lábios?*

— *O Português tomou sua terra, foi?*

— *Você agüentou carregar o tronco?* (ritual da adolescência)

— *Sua tribo mata os gêmeos?*

— *Você pode escolher com quem você quer casar?*

— *Sabia que o marido da Madalena quase comeu um bicho parecido com um rato, lá no Peru, com os índios?...*

— *Que brincadeiras que as crianças lá brincam?*

— *Sabia que nós aqui também temos nosso "cachimbo da paz", só que é de chá...*

Ao que Marcos questionou:

— Mas, na minha tribo, só quem fuma o cachimbo da paz é o Cacique e o Pajé...

Um momento de surpresa, pois pensávamos que todos fumavam o cachimbo da paz... ao que de supetão uma criança respondeu:

— *É, Marcos, mas nossa tribo aqui é diferente, Madalena é o Cacique e nós todos somos o Pajé...*

Ficaram um pouco tocados quando Marcos contou que os índios não prendiam os passarinhos nas gaiolas, mas também logo retrucaram:

— *É, mas você tem a floresta cheia de passarinhos...*

No final Marcos contou-nos uma lenda (a pedido das crianças) e depois vimos *slides* sobre algumas tribos do Xingu.

A nossa ida à USP, para ver a exposição sobre os índios do Xingu, despertou um novo interesse: o de conhecer melhor a atividade dos pais. É que alguns pais trabalham na USP. Daí o alvoroço quando souberam da nossa visita à universidade.

Foi a partir desta visita que começamos uma conversa sobre o trabalho dos pais, o que faziam, quantos trabalhavam na USP e os que não trabalhavam lá.

Observei nesse momento que as crianças expressavam um misto de fascínio e orgulho quando falavam do trabalho de seus pais. Lancei então a proposta de visitarmos os pais no local de sua atividade profissional. Aceitaram eufóricos. Deste modo a visita à exposição se tornou também a primeira visita à mãe do Maurício, Irene. Estivemos em seu escritório, depois numa sala de aula; na área de lazer dos estudantes, no bar, vimos onde ficava a biblioteca e o CEUTES. Depois do lanche — "pipoca do pipoqueiro" — oferecido pela Irene, voltamos à escola.

Mas eis que surge outro "fogo": mulher pelada .

Durante uma conversa na roda sobre índios onde víamos fotos de índios e índias nus, uma das meninas levanta o assunto: — *na minha casa tem uma revista só de mulher pelada, eu vou trazer amanhã, posso Madalena?*

— Claro que pode, respondi. E assim combinamos que "mulher pelada" seria o primeiro assunto da roda do dia seguinte.

Percebi que o interesse, a curiosidade, o que buscavam compreender não era a "mulher pelada", mas sim, o nascimento, não o ato sexual e sim o parto. Pois já vinha observando com freqüência várias brincadeiras, onde o interesse central era nascimento e parto. Separei um livro sobre o parto e todas as suas etapas a fim de levar para a roda.

No dia seguinte, no meio da roda uma revista *Play-Boy* meio escondida como algo proibido nas mãos; um livro de pinturas de Dégas —sobre nus, trazido por outra criança e meu livro sobre o parto. Começamos a roda num clima de muita excitação. Todo o grupo num jogo estereotipado do comportamento sexual — tanto masculino como feminino. As meninas diziam para os meninos:

— *Olha nós vamos mostrar para vocês "mulher pelada"...*

Os meninos respondiam:

— *Mostra, nós queremos ver as boazudas...*

Começamos vendo o livro de Dégas, quando salientei a importância dos esboços, no desenho que o livro abordava e dei algumas informações sobre o pintor. Aproveitando a oportunidade, chamei a atenção delas para os "esboços" que também realizam quando ao desenharem fazem ensaios anteriores ao desenho que consideram definitivo. Sugeri então que guardassem as folhas dos "esboços" em lugar de simplesmente as jogarem fora. Comparamos as técnicas usadas em dada pintura, seus efeitos, etc.

Sublinhei a beleza do traço nos desenhos, a semelhança que havia entre o desenho e um corpo nu "de verdade". Acrescentei que os pintores necessitam de estudar anatomia para melhor desenharem, que alguns desenham, pintam com modelos, outros não.

Tentei mostrar, enfim, que o nu não é somente "mulher boazuda", pode ser também um desenho maravilhoso de Dégas.

A excitação foi diminuindo...

Passamos para a *Play-Boy*. Fui vendo calmamente a revista, quando alguém comentava: *Olha a xoxota!..* Eu dizia: —Xoxota é apelido, o nome é vagina, você nunca tomou banho com sua mãe?

— *Não, nunca! Eu só vejo minha mãe nua pelo buraco da fechadura!*

— *Pois eu tomo banho com minha mãe e meu pai.*
— *Eu só tomo com meu pai.*
— *Olha que xoxota peluda!*
— Você já tem pêlo na xoxota?
— *Não...*
— Pois você quando crescer vai ter pêlo igual; como eu e sua mãe. Essas mulheres da revista já têm pêlo.
— *Mas homem também tem pêlo?*
— Tem sim.
— *Meu pai tem um monte dessas revistas lá em casa.*
— Tem gente que gosta de ver estas revistas, tem gente que não gosta; eu não gosto.

(E fiz questão de marcar para as crianças que não significava nada para mim aquele tipo de revista, que até eu poderia ver mas que preferia ver um tipo de livro como o de Dégas.)

— *O "pinto" do homem é para fora, é grande?*
— "Pinto" é apelido, o nome é pênis. O "pinto" do homem é para fora, a vagina da mulher é pra dentro — porque sai o neném pela vagina.

— *Olha que peitão!*
— Homem tem seio?
— *Não.*
— Pois é, mulher tem seio porque mulher dá de mamar ao neném, mulher tem vagina para dentro para poder sair o neném. Essa mulher da revista está grávida?
— *Não.*
— Pois então eu vou mostrar uma mulher grávida, para vocês verem a diferença.

E fui mostrando o meu livro sobre o parto.

Nessas alturas, todos deixaram de lado a revista *Play-Boy* e o interesse passou a fixar-se no meu livro sobre nascimento.

O corpo tenso e rígido do início da roda estava agora solto, relaxado, deitado na roda, ouvindo-me falar dos meus partos, de como foi o parto de cada uma das minhas filhas, da bolsa d'água, que sempre rompeu antes da minha chegada ao hospital, das carreiras por isso, do colo do útero que nunca dilatou o suficiente para que meus partos fossem normais, etc. Com isso uma avalanche de perguntas e estórias sobre como cada um nasceu:

— *Eu nasci pela vagina da minha mãe.*
— *Eu nasci pela barriga.*
— Cesariana, como minhas filhas?...

E fomos vendo no livro, o parto cesariana e as etapas do parto normal: etapas de dilatação, a expulsão, o neném saindo, o cordão umbilical.

E assim acabamos a roda, que não tinha nada a ver com a do início.

Silêncio e paz. Parecia que nos havíamos isolado do mundo, naquele momento...

No dia seguinte uma das crianças trouxe um boneco de mola que sob pressão pulava. Como havíamos vivido na roda do dia anterior uma situação onde senti nas crianças movimentos **tensos**, **e depois relaxamento**; **aproveitei para explorar, através do boneco, tensão e** relaxamento.

A proposta foi esticar todo o corpo como a mola do boneco, soltar o corpo caindo "mole" no chão e depois pular como o boneco.

Passamos alguns dias fazendo o mesmo exercício, depois começamos a pesquisar tensão e relaxamento nas partes do corpo: cabeça, braços, pernas e pescoço.

Pesquisando o movimento da mola, fizemos uma mola com arame, observamos na natureza coisas que têm este movimento — cipó enrolado, gavinha do maracujá, uma concha do mar, etc. Exploramos **movimentos de enrolar** e rolar — para isso fizemos um rocambole.

Neste mesmo período na "roda" o assunto de "xoxota" e "xixi" voltou, desta vez puxado por um menino:

— *Olha, meu "pinto"* (tirando as calças).

— *O meu é maior que o seu.*

Aproveitei e falei:

— Eu conheço um livro que mostra a diferença entre menino e menina nu, vocês querem ver amanhã na roda? (Dei este encaminhamento porque senti que este interesse era continuação do anterior; primeiro nascimento e agora — como é meu corpo?)

A resposta veio num coro:

— *Queremos!*

E o assunto já foi para a pauta do dia seguinte.

A roda começou, os meninos um pouco agitados — jogavam de

passar a mão na "xoxota" da menina da foto, no livro. Disse-lhes, então, que iríamos fazer barro no final da roda. E fui calmamente mostrando o livro ao mesmo tempo que ia contando de quando eu era criança, que eu não entendia como que saía o neném da barriga da minha mãe, que também queria saber como era meu corpo, o dos meninos... que eu tinha uma amiga cujos pais não conversavam sobre essas coisas com ela e ela se achava perdida, mas que os meus pais conversavam comigo (tem gente que pensa de um jeito, gente que pensa de outro), mostravam livros, igual ao que estamos fazendo agora, aqui na roda.

A agitação foi desaparecendo, todos de olhos grudados em mim, conversávamos comparando as diferenças entre o corpo da menina e do menino; a roda chegou ao fim, e outra vez o corpo relaxado, escorrido, deitado na roda...

Como havia sentido no início da roda a necessidade de trabalhar com as mãos, em algumas crianças, dei barro no final da roda, mas na verdade a necessidade de manipulação já não existia.

No dia seguinte, na hora do parque, noto uma correria para a sala, um vai e vem pra lá e pra cá... Vou até lá e o que encontro: uma sala de parto.

Uma das meninas deitada na mesa, médicos, enfermeiras e acompanhantes ao seu redor.

Pergunto: — O que esta acontecendo? E me respondem: — *Ela vai ter um filho!*

O médico com o livro (meu livro sobre parto) na mão ia instruindo a paciente.

— *Agora vai ter que fazer força!*
— *Mais força.*
— *A bolsa d'água já estourou?*
— *Não.*
— *Abra as pernas!*

E nada do neném nascer... Pergunto:
— Será que vai ser preciso fazer cesária?

(Minhas intervenções nos jogos são sempre a de quem lança desafios, questiona, irradia, retrata e devolve o que vê.)

E o médico passava rapidamente as folhas do livro em busca das fotos sobre um parto de cesária...

O jogo ficou um bom tempo nesse impasse até que a paciente deu o desfecho:
— *Não, meu filho não vai nascer hoje, meu marido não está aqui.*

No dia seguinte, depois do parque, já entraram em classe com um jogo organizado. A parturiente, neste dia, era outra, já tinha trazido

uma boneca de pano — que discretamente foi colocada em baixo da sua saia. Num canto da sala arrumei um vidro de mercúrio, cotonetes, algodão e deixei à disposição dos médicos e médicas, enfermeiras e enfermeiros.

Na sala um clima de absoluto silêncio e concentração. A equipe dos enfermeiros preparando a parturiente —passando mercúrio pelas pernas e na barriga; a equipe médica, consultando o livro e a parturiente seguindo suas instruções:

— *Agora você pode abrir as pernas.*

— *Pode começar a fazer força.*

— *Mais força!*

— *Deixa eu ver se o neném está mexendo...*

— *Daqui a pouco vai estourar a bolsa d'água.*

Com essa observação a equipe dos enfermeiros começou a buscar água...

— *Pronto! Estourou a bolsa d'água!*

E a equipe dos enfermeiros começou a jogar água, da cintura para baixo, na parturiente...

— *Tenha calma, tenha calma, o neném daqui a pouco vai sair.*

— *Faça força! Abra a perna!*

E afinal, num movimento rápido, a boneca vai escorregando da barriga para a vagina e os médicos vão puxando sua cabeça e todos gritam e batem palmas.

— *Nasceu! Nasceu! Viva! Viva!*

O neném é entregue à mãe que faz que dá de mamar.

(Passou-se despercebido que as crianças não se deram conta do cordão umbilical.)

Todos cumprimentam a mãe, que desce da mesa de parto e comenta:

— *Puxa, a "perua" já chegou, deixa eu pegar minha pasta...*

Depois desses jogos, dois mais aconteceram também de forma encadeada, de casamento. Um deles foi bastante rico, cheio de detalhes. Ensaiavam o casamento e depois convidavam as outras crianças para assistirem. No final até a platéia também participava jogando arroz nos noivos.

Todo o grupo se integrou nos dois jogos — havia uma preocupação nitidamente realista, em copiar fielmente a realidade — tanto assim que as "damas de honra" (eram tanto meninas quanto meninos) ajoelharam-se para parecer crianças pequenas...

Vejo todo esse processo, desde o surgimento dos dois grupos até essa seqüência desses quatro jogos, como um todo único e articulado. Uma busca curiosa, intensa e viva de entender e assimilar o mundo através do jogo dramático.[2]

2 — Gostaria de transcrever aqui um texto de 1974 da Telma (encarregada do Centro de Estudos) sobre jogo dramático:

Sendo a representação o interesse maior da criança de 2 a 6 anos, é para esta atividade que ela traz seus interesses específicos, isto é, ela representa tudo o que tenta compreender melhor. Especialmente no jogo que é essencialmente seu instrumento para assimilar o mundo. Para expressar-se cognitivamente e afetivamente, e trabalhar as dificuldades.
O enriquecimento e socialização dos símbolos individuais tornam o jogo um instrumento mais eficiente de assimilação da realidade.
Ao mesmo tempo, sem que isto seja propriamente um objetivo, favorecem a compreensão dos códigos sociais.
A emergência de interesses no jogo possibilita a ampliação de experiências (ação pedagógica) que consiste em um confronto planejado com a realidade (meio).
Os resultados desta técnica de trabalho são imediatos, o jogo passa a assimilar esta nova realidade mais complexa. A trabalhar novos papéis, funções e conceitos que são — através do jogo — elaborados.
Um jogo pode ser "forte" (aparecer com freqüência) e pobre.
Isto quer dizer que só se pode ampliar experiências trazidas pelo jogo.
Uma realidade pode ser explorada quando se sabe que existem condições de compreensão e interesse e, geralmente ela é incorporada ao jogo. A história é também um instrumento de enriquecimento do jogo.
Quando a atividade pedagógica desloca seu centro da cabeça do adulto para a ação da criança e mais especialmente em jogo, a primeira coisa que perde sentido é a divisão em áreas programadas. Tornando-se então necessário um preparo muito maior da professora para partir de uma atividade espontânea da criança, localizar e orientar sua assimilação do mundo (...)
Na educação pré-escolar, o jogo é ferramenta de análise, ação e avaliação ao mesmo tempo. Desde que se esteja fundamentado para compreendê-lo.
Como diria Piaget, "a gente não vê o que enxerga, vê o que sabe".

Meu desafio foi o de tentar fazer a leitura correta do que via para poder localizar e orientar essa assimilação. E especialmente para estar junto com as crianças, nessa onda, que aos poucos vai se formando, crescendo. No início é só água solta, sem rumo, que se amontoa. De repente, surgem todos numa mesma direção, numa gigantesca onda, num movimento intenso de busca. Depois, como se estivesse amainado o ímpeto da procura, a onda se desfaz calmamente numa serena paz.Para mim é maravilhoso.

Antes de terminar, gostaria de falar da importância que teve, para mim, a presença de três estagiários, nesse período, em classe. (Esses estagiários fazem parte do grupo de formação de educadores do Centro de Estudos.)

Foi muito importante porque tive a possibilidade de ter a visão de uma pessoa, que, por não estar envolvida com o processo vivido por mim e as crianças, viu coisas que eu sozinha não teria visto. Também foi um desafio tê-los em classe, na medida em que minha cabeça estava em dois pólos: nas crianças — no espaço de cada uma e suas necessidades — e neles, enquanto adultos, com seu espaço e necessidades específicas de "observadores".

Era como se, de repente, eu, como professora, tivesse duas classes ao mesmo tempo. Não quero dizer com isso que esse período foi um peso para mim. Muito pelo contrário, foi um período rico, cujo desafio — na minha relação com eles, eu professora, e eles "observadores" — foi tentar sempre explicitar ali, na hora, na minha atuação com as crianças, que eles "observavam", o que queria com aquele encaminhamento, como ele surgiu, ou o que pretendia com esta ou aquela forma de trabalhar, etc.

No final do estágio, recebemos deles uma carta e como compartilhamos de algumas descobertas, espantos e dúvidas juntos, transcrevo agora a carta.

Impressões do grupo de observação

Anete, Moca e Bia

A cada entrada na classe do pré, descobrimos que a lua, o sol, o arco-íris, os planetas ali estavam por alguma razão.

Foram apenas alguns dias de contato, chegávamos e sentávamos numa cadeirinha no canto da sala; e, em poucos momentos, tínhamos o tamanho daquela cadeirinha.

Íamos observando, anotando o que dava e como dava. Tudo acontecia naquele imenso "espaço".

A roda do início anunciaria como seria o dia. Saturno, mulher pelada, índio. Parecia muita coisa, como falar disso tudo, o que fazer com tudo isso?

Tula fazia aniversário; Dany organizando o jogo de futebol; Juja com sua revista; Madinha olhando tudo, atenta; Vadico procurava uma palavra no dicionário; Acauã trazendo postais sobre índios; Tamara falando de sua boneca; Avana cuidando da limpeza da classe; Emília trazendo o bolo para o cachimbo da paz; João com seus aviões; Maurício querendo ver uma aldeia de índios; Rogério se pintando para a dança dos índios.

E como numa roda viva todos contribuíam, falavam e participavam sem medo pois sabiam que todos tinham um espaço garantido. E Madá devolvia tudo para as crianças com a mesma intensidade. Tudo era vivo. E tudo pulsava.

O dia prosseguia; e nós, "Observadores", tentávamos persegui-lo. Mas que tarefa: Uff!

Fantoche: começava e terminava; jogo dramático: começava e terminava; hora de escrever: começava e terminava; e tudo tinha um ritmo, uma música e, essencialmente, harmonia. Era uma classe. Quase que o tempo todo tínhamos certeza disso. Era um corpo e cada movimento tinha início e fim. E que sensação gostosa saber que as coisas têm um fim e logo um outro novo início.

Da primeira vez que vimos, tudo parecia um sonho e como era bom ver que aprender podia ser assim.

O tempo correu. Que pena! O estágio chegou ao fim.

Com cerveja, amendoim e muito papo trocamos o que sentíamos.

— Nossa, você viu que incrível aquela hora em que cantavam e faziam fantoche?

— E aquela hora que fizeram nascer uma criança?

— E blá, blá, blá...

Depois de muito blá, blá, blá, tivemos vontade de dar alguma coisa em troca do muito que recebemos.

E aí está, é o que conseguimos depois de muita conversa.

Um grande e forte beijo
de nós três,
            Anete
            Moca
            e
            Bia
            81/9/29

ROGÉRIO
DANIEL
ACAUÃ
JOAÕ
MADÁ
JU JA.
MAURÍCIO
TAMARA
VLADÍMIR
AVANA

RELATÓRIO DO PRÉ
1981 — Novembro, Dezembro

Em fins de setembro surgiu um jogo de vender desenho. O que me chamou a atenção foi a forma de organização do jogo. Eram três "turmas" onde todos desenhavam, assinavam em conjunto com as primeiras sílabas do nome de cada um, formando o nome da turma ("MAJODA"). Os planos de duas turmas eram:

— Vender os desenhos e o dinheiro ganho seria dividido entre eles, e cada um comprava o que queria para si. Já a outra turma, dentro da mesma estrutura, queria comprar brinquedos para o PRÉ.

Algo assim como uma cooperativa escolar.

Ressaltei que gostava muito da idéia das "turmas", que a Escola da Vila era uma espécie de "turma" também.

Para mim esse jogo foi um dado avaliativo importante, pois vi claramente que todo o trabalho centrado na cooperação — desde o início do ano — estava dando seus frutos.

A leitura que fiz do jogo —o que queriam saber, conhecer —era a relação de compra e venda, no fundo a relação com o dinheiro. Iniciei então um trabalho para alimentar o jogo.

No dia seguinte trouxe vários tipos de cédulas e moedas nossas e de outros países e trabalhei a contagem, estabelecendo a correspondência entre quantidade e símbolo.

Aproveitando a idéia da Zélia, mãe da Avana, começamos a ler na roda a *História da Riqueza do Homem* * — eu estudava antes e adequava a linguagem — onde explorei o como surgiu o dinheiro.

Depois de um período de observação do jogo, decidi brecar as vendas. Isso porque começavam a surgiu preferências por desenhos de algumas crianças, criando um clima de fulano "desenha melhor que

(*) De Leo Huberman.

todos, todo mundo só quer comprar o desenho dele"... (mesmo não sendo o desenho assinado)

E também porque todo o trabalho em plástica está centrado não somente no produto mas sim, também, no processo. E com as vendas do desenho, o que começava a existir era que o produto — o desenho — estava sendo mais valorizado.

Não gostaram muito da decisão, mas no final concordaram.

Ainda propus que poderíamos trocar desenhos, entre outros Prés, tentando ligar com o que tínhamos lido sobre o surgimento do dinheiro, mas não "vingou". Recusaram simplesmente. Percebi que não era por aí...

Mas eis que surgem os papéis de carta, trazidos pelas meninas. Dou a maior ênfase à troca, e começamos a fazer nós mesmos nossos papéis de carta. Retomamos algumas das técnicas que já havíamos trabalhado no atelier — "placas de impressão", "máscara", desenho com caneta esferográfica e hidrocor, decalcomania e colagem.

Todas as crianças participaram da atividade — tanto meninas quanto meninos iniciaram suas coleções de papel de carta.

Um dado avaliativo para mim foi a participação dos meninos nessa atividade. Não houve o comportamento esteriotipado de antes, do tipo: "Isso é só de menina", o que para mim é fruto do trabalho anterior, a partir dos estereótipos masculino e feminino. Eles participaram animadamente das trocas. Havia uma hora só para isso, que geralmente acontecia quando terminavam de fazer seus papéis.

Na roda também começamos a ter um espaço, onde mostravam seus papéis de carta. Esse interesse é uma constante até hoje. Creio que, na verdade, ele nasce do desafio — que para eles vira um jogo — que é o de se **pôr** no lugar do outro, dentro do ponto de vista do outro, que existem pontos de vista diferentes. E também na coleção há um desafio de igualdades, diferenças e classe. Este desafio para ser entendido, assimilado, transforma-se num jogo de TROCAR papel de carta. E o que envolve a troca, de mais fundamental, se não uma disposição cooperativa para que ela se efetive?

Pude perceber isto claramente numa das atividades, onde estavam recortando revistas para trabalharem com colagem — também para a confecção de papéis de carta — e toda relação envolvia a troca, e nela os limites de cada um: — *Essa figura eu não quero. Será que você não pode trocar por outra?*

— *Eu posso trocar por essa, essa eu não posso.*

— *Você é gozado! Você só quer as figuras bonitas pra você!*

— *Não é verdade, você só está dizendo isso pra eu te dar essa figura...*

— *Tá bom, eu guardo essa figura para você.*

— *Você guarda pra mim também? Depois você pode escolher uma figura na minha revista, tá?*

E foi observando situações como estas, em que a troca se efetuava, que pude constatar (com alegria) uma relação forte, real, de cooperação.

II

Durante a observação de um "jogo de tubarão", lanço a pergunta: Vocês já comeram um tipo de tubarão chamado cação?...

— *Não...!*

— Vou trazer, então, para o cachimbo da paz, amanhã: Topam?

— *Topamos!*

E no dia seguinte trouxe 1/2 quilo de cação para prepararmos para o nosso cachimbo. Alguém comenta que eu *trouxe muito pouco peixe.* Eu explico que, infelizmente, o preço do quilo (exploro sistema de medidas) do cação está muito caro, custa Cr$ 400,00, daí que comprei só meio quilo, e gastei Cr$ 200,00. (Aproveito para trabalhar ainda inteiro e metade.) Trabalhamos também formação de frases com tubarão.

As frases formadas retomamos nos dias seguintes (nas lições de casa) ou como cópia ou (propostas das crianças) "de fazer o desenho da frase que mais gostou".

Enquanto temperávamos o peixe, toda a conversa girou em torno de dinheiro: o que custa caro, o que custa barato, que para se comprar uma coisa que é cara se precisa juntar dinheiro, etc., e nesse instante alguém tem "um estalo" e dá uma idéia: – *Que tal se a gente juntasse dinheiro para comprar mais cação pra gente comer?*

— *Isso!*

— *A gente podia juntar dinheiro e ter o cofre do Pré!*

— *A gente podia também comprar brinquedo pra todo o mundo de nossa classe!*

Vibração geral! Abraços e vivas! Eu topo! Eu topo!

Saliento, ali no ato, que gosto muito da idéia pois ela tem o mesmo "jeito" (espírito) das turmas de desenho.

Dei esse encaminhamento para retomar o que aconteceu de valioso, das "turmas de desenho". Acho que é muito importante que o professor retome sempre o processo com as crianças, que elas percebam que o cofre surgiu nesse momento porque houve as turmas de desenho antes.

Exploro a palavra BRINQUEDO, dando a ênfase do BRIN — fazendo a diferença entre BRI e BRIN — e no QUE. Pesquisamos palavras que começam com QUE, palavras onde o QUE se encontra no meio e no final da palavra.

Mas agora o impasse:

— E de onde vamos conseguir o dinheiro?

Passei um período no mesmo "beco sem saída" da atividade do

vender desenho, pois de cara eles me gritaram:

— *Vamos vender desenho!*

Retomei tudo que já havíamos conversado, e reafirmei que não poderíamos vender desenho.

Diante do impasse, resolvemos que cada um iria pensar em como iríamos conseguir o dinheiro e que depois retomaríamos a questão.

Gostaria de frisar aqui a importância de, sem jamais cruzar os braços, dar tempo ao tempo, de saber esperar, de confiar nas crianças e em nós adultos. Confiar em que, juntos, poderemos descobrir as possíveis soluções para as questões que surgem.

Passou-se um tempo e eu sempre pensando em como iríamos conseguir o dinheiro para o cofre. Levantei as possibilidades: 1. fazermos pão — que aprendemos com o Gogui, pai do Acauã — e vendermos; 2. vendermos plantas... mas essas propostas não fascinavam ninguém, e lá ficava tudo na estaca zero outra vez. Até que um dia, surgiu uma conversa na roda sobre mesada. Conversa vai, conversa vem, e alguém grita do outro extremo:

— *Tive uma idéia! Já sei!*

— O que foi? Pergunto espantada.

— *Por que a gente não traz o dinheiro da mesada para nosso cofre?!!*

— Ótima idéia!...

— *Mas toda a mesada não!*

— *Eu não posso dar toda a mesada porque estou juntando dinheiro para comprar um presente para meu irmão!*

— Não precisa ser todo o dinheiro da mesada, pode ser o que cada um acha que pode tirar da mesada.

Mais que depressa alguém correu, pegou uma lata de cerveja e escreveu COFRE DO PRÉ. E no dia seguinte "choveu" dinheiro no cofre... Numa folha de papel, cada um escrevia seu nome e sua contribuição.

Atualmente nosso cofre está quase cheio, pesando como chumbo e já combinamos que vamos comprar uns bonequinhos — de super-heróis. Uma das crianças já nos trouxe a informação de que um saquinho com cinco bonecos custa Cr$ 180,00 — trabalhei o cálculo de quantos saquinhos precisamos comprar se são doze crianças e quantas vezes vamos gastar Cr$ 180,00 (conjunto).

É importante frisar que esta relação de cooperação e respeito não se dá somente entre crianças do PRÉ.

Tivemos a oportunidade de trabalhar juntamente com o 4º grau (classe do Reco) em livros de estórias, feito por cada um, na construção de uma biblioteca, das duas classes, onde pude observar por parte das crianças um profundo respeito pelo processo de expressão (desenho) dos menores:

— *Olha só   como melhorou no desenho! Lembra como ele desenhava antes?*

— *Eu, quando era da idade dele, eu desenhava igual...*

— *Claro, né! Cada um desenha do jeito da idade que tem.*

— *É sim; só desenhando bastante é que a gente vai aprendendo...*

Dentro dessa relação de cooperação e respeito, está também implícito um comportamento crítico, diante de tudo, na relação entre eles e comigo. Pude constatar este comportamento dias atrás, quando num período onde eu estava mais cansada e portanto, sem muita paciência, fui mandando sair, sem muita "conversa", um grupo de crianças que estava na sala, quando já deviam estar no parque.

Ao voltarem de lá convocaram uma reunião para discutirmos:

— *Briga com a Madalena.*

Confesso que fiquei surpresa e perguntei: — Que briga?

— *Você toda mandona, falou alto, pra gente sair da classe, quando a gente estava trocando papel de carta...*

— *Você estava parecendo a mãe da gente...*

— *Nós não gostamos disso e até fizemos uma reunião no parque.*

Respondi que tinham inteira razão nas suas críticas, pedi desculpas e expliquei que naquele dia, especialmente, eu estava muito cansada, e se por acaso acontecesse aquilo outra vez eles me chamassem a atenção, pois isso me ajudaria.

Nesse mesmo dia, surge uma discussão entre duas crianças, eu vou conversar com as duas, e alguém chega junto de mim e fala baixinho:

— *Calma, Madalena... calma...*

Agradeci a ajuda, ainda muito cansada, mas numa alegria imensa fui conversar com os dois.

Tudo isso reforça em mim o acerto de uma prática pedagógica de que vamos nos tornando criticamente sujeitos, discutindo, indagando, questionando-nos. O acerto desta prática nos seus mínimos aspectos — porque briguei com "fulano" e "fulano brigou comigo", ou se vamos pendurar o "homem aranha" nesta ou naquela parede.

III

Uma das meninas trouxe certo dia um esmalte para a roda. Perguntei-lhe se poderia marcar uma hora para pintar minhas unhas... Respondeu que na hora do parque. Foi esta pergunta que desencadeou o jogo de "SALÃO DE BELEZA".

No parque, então, nos encontramos. Atuando como uma

"cliente", comecei a conversar com ela, como se ela fosse uma manicure. Aos poucos foram chegando outras crianças que também queriam pintar as unhas. O esmalte era pouco, e enquanto pintavam as unhas, já iam combinando a continuação do jogo para o dia seguinte.

Na roda do dia seguinte os esmaltes e uma novidade: os produtos de maquiagem foram recebidos com grande alvoroço pelas meninas. Os meninos muito interessados, também, mas não se davam o direito de demonstrar o fascínio pela maquiagem... Comecei então, a contar estórias de artistas, homens que se maquiavam para representar, no teatro, no circo, e até na televisão.

Aos poucos foram relaxando e começaram a falar dos palhaços que se pintam, dos mascarados no carnaval, etc. Contudo sempre faziam questão de frisar:
— *Mas homem não usa baton, assim, como mulher...*
— *Nem pinta o olho...*
Senti que me pediam para marcar as diferenças, quanto aos papéis masculino e feminino no pintar-se e dar-lhes algum respaldo se demonstrassem o interesse em pintar-se. Salientei então, que homem não usa pintura do mesmo jeito que mulher; que o jeito do homem de se arrumar, nisto de se pintar, é diferente da mulher. Homem só se pinta no teatro, no circo, na televisão.

E de imediato alguém me interpela:
— *Mas, Madalena, isso só aqui em São Paulo, porque os índios são o contrário: homem se pinta, mulher não...* (Referindo-se ao que "estudamos" sobre os índios.)
— É isso mesmo, depende do jeito de viver, de onde se está vivendo (diferenças de cultura).

Depois desta minha ressalva se integram nas combinações e preparativos para o **Salão de Beleza**, que seria na hora do parque.

Chegada a hora, levaram as cadeiras da nossa sala para a sala da frente, e as dispuseram em filas paralelas para receber os clientes que eram as crianças de todos os graus — pequenos, médios e nós do PRÉ, "os grandes".

Havia os encarregados para receber os clientes na sala de espera, e que os encaminhavam até os "pintadores" de unhas e "cara" — que eram tanto meninas quanto meninos.

Observando o jogo comecei a lançar desafios para um outro enriquecimento de papéis – tanto masculino quanto feminino: – gozado, quando eu fui no cabeleireiro cortar meu cabelo, tinha um homem e uma mulher: cabeleireiros; mas também tinha um engraxate que engraxava sapato... E na mesma hora começaram a improvisar um "limpador" de sapato, e ficaram entusiasmados quando avisei que no dia seguinte iria trazer materiais para o cabeleireiro e o engraxate.

Nos dias que se seguiram, uma placa escrita SALÃO DE BE-LEZA foi afixada na porta da nossa sala — o jogo que começara no parque, com todas as crianças da escola, continuava na classe com seu espaço bem delimitado, cada função, cada personagem no seu espaço, vários "profissionais" surgiram:

- o médico e a médica
- o professor e a professora
- o engraxate e a engraxate
- o barbeiro — que fazia barba e pernas (...)
- a faxineira e o faxineiro

Todos esses e mais o cabeleireiro e a cabeleireira, a (o) manicure, o (a), pedicure, o maquilador e a maquiladora.

Era um espetáculo bonito de ser visto, cada um no seu espaço, na sua função atendendo aos seus "clientes":

- *Eu quero me pintar, mas bem clarinho.*
- *Você pode engraxar meu sapato?*
- *Você quer que eu te penteie?*

Também nenhuma função era rigorosamente fixa, havia um rodízio pelas profissões, o que possibilitava um maior enriquecimento do jogo.

Nesse período, os "cachimbos da paz" se realizaram "dentro" do salão de beleza; o que possibilitou o surgimento de mais uma profissão — garçons e "garçonetes" que trabalhavam na "lanchonete do cachimbo da paz"...

Houve dias em que na "lanchonete do cachimbo da paz" tivemos bolo e balas de açúcar que foram servidas com todo o ritual de sempre.

Ainda houve um dia em que lavamos a cabeça, com shampoo, secamos os cabelos no secador e penteamos depois com "gumex" (sugestão ótima da Rosa, professora do jardim II) que causou um verdadeiro sucesso.

Foi sempre uma constante, em todos os jogos, e mesmo quando não estavam jogando, todos os meninos e meninas passarem um bom tempo na frente do espelho (deixei sempre na sala o "salão de beleza" "arrumado" com todos os seus materiais: espelho, escovas, pentes, perfumes, etc.) penteando-se, perfumando-se, num cuidar-se carinhoso, num movimento de encontro consigo mesmo.

No decorrer dos primeiros jogos, ficou claro para mim (foi essa a leitura que fiz do jogo) que este SALÃO DE BELEZA, estava articulado aos jogos anteriores, de nascimento e as diferenças sexuais entre menino e menina.

O Salão de Beleza vinha agora como um cuidar, embelezar o corpo descoberto e aceito.

Outro aspecto do jogo que foi assumindo um peso forte, à medida que os jogos foram acontecendo, foi o surgimento de várias profissões. O Salão de Beleza foi transformando-se quase que numa amostra das profissões existentes.

E foi depois do jogo onde surgiram os médicos, que achei

oportuno, continuando nossas visitas ao trabalho dos pais(*), visitarmos o Centro de Saúde — onde trabalham os pais de Rogério, Vadico, Emília e a mãe da Madá: três médicos e uma enfermeira.

Antes de sairmos anotei as perguntas das crianças:
— *Como é seu trabalho?*
— *Por que o coração pára?*
— *Como se faz para não ficar doente?*
— *Por que aquela doença* (paralisia infantil) *faz ficar paralítico?*

Chegando ao Centro de Saúde fizemos uma roda com os pais e formulamos as perguntas. Foi uma roda muito rica, movimentada — cada criança ouviu seu coração e o do amigo pelo estetoscópio — e depois fomos visitar a sala de cada um dos pais. Visitamos ainda as outras dependências do centro, lanchamos no final e voltamos para a escola.

A visita seguinte foi à mãe do João, Monique, que é professora na escola, e também artista plástica.

Também formulamos nossas perguntas, na roda e Monique foi nos respondendo à medida que nos mostrava seus trabalhos.

Foi uma oportunidade importante para as crianças descobrirem que mesmo sendo desenhista não se tem a mesma forma (desenho da baleia por exemplo) que eles na cabeça. Que cada um tem uma imagem de baleia, que cada um (mesmo sendo adulto e desenhista) desenha de um jeito. Observamos isso (eu e Monique) pelo fato das crianças insistirem para que ela desenhasse um tipo específico de baleia, que na verdade era a baleia do repertório deles.

(*) Apenas para retomar: nossa primeira visita foi à Irene, mãe do Maurício, depois visitamos também Zé Miguel, com quem fomos cantar, e ele nos acompanhando do piano, nossa música do abecedário — que descrevi no relatório anterior.

Outro fato importante desencadeado pela visita, foi a descoberta que as crianças fizeram de um aspecto de Monique até então desconhecido, apesar do nosso convívio diário com ela.

Assim, atualmente, sempre que desenham algo que gostam, comentam: —*Vou mostrar para Monique.*

A próxima visita foi à Rosa, mãe da Tula, que é professora de inglês, mas que também sabe fazer pulseiras de missangas.

Tive a preocupação de explorar nessas visitas o trabalho dos pais, não somente através das profissões de cada um, mas vendo o trabalho como um todo, onde podemos ter vários canais de expressão.

A atividade em si foi um pouco acima das possibilidades das crianças.

Mas o que foi importante foi que conhecemos a casa da Tula, nos reunimos numa roda num lanche "super gostoso", juntamente com a Rosa.

Como estávamos pesquisando Baleias ("vida no fundo do mar") e soubemos que a mãe da Juja, a Raquel (que é cineasta) tinha um filme sobre baleia, nós a convidamos para passar o filme na escola.

Também deixei em aberto, para a partir do que eu sentisse ser mais forte para as crianças, nossa ida até o trabalho, ou o pai (a mãe, nesse caso) vir até nós.

O filme da Raquel fez sucesso absoluto e foi "bisado" quatro vezes!

Raquel nos trouxe um doce (suspiro com banana) que foi o "ponto" do nosso lanche.

Durante o lanche as crianças conversaram com a Raquel — intrigados como que ela pode filmar a baleia...

Depois seguiu-se a visita ao trabalho da mãe do Dani e dos pais da Tamara. Duas psicólogas e um psiquiatra.

Antes da visita à Eva e à Lúcia, entreguei-me com as crianças a uma série de jogos que permitiam a exploração de certos movimentos que se faziam com mais freqüência.

Foi assim que, de uma brincadeira de pega-pega cujo desafio era correr, se tocarem e cair rolando pelo chão, propus que todos deitados no chão fossem rolando um de cada vez, um por cima do outro.

Outra brincadeira, ainda em cima do mesmo interesse, da qual também participei, foi a seguinte:

Eu, com um enorme pano ia lançando a "minha rede" e pescando as crianças. Quem eu pescava ficava num lugar determinado. No final, me ajudaram — todos segurando a rede comigo — a pescar as outras crianças. Foi uma brincadeira bonita que nos juntou a todos num único movimento.

Depois a Eva sugeriu que com o pano fizéssemos uma espécie de rede para balançar cada criança. E assim, eu numa extremidade e ela noutra, balançávamos quem queria.

Na roda, fizemos as perguntas à Lúcia e Eva, mas o que as crianças queriam mesmo, era ouvir a estória (que o Dani falou que a mãe sabia) do "Pobre Adauto" — *verdadeira, aconteceu mesmo, era o irmão dela!...* Lúcia nos contou, e depois Eva também nos contou uma estória — sobre as aventuras de um menino que recebeu o nome de "NINGUÉM".

Fiquei pensando na importância das crianças terem contacto, na escola, com outros educadores sem ser a professora, mas seus pais. E não seria mesmo a escola o lugar apropriado para reunir os educadores?

Depois das estórias lanchamos juntos, visitamos as salas onde trabalham Lúcia e Eva, e voltamos para a escola.

Conversamos na roda, antes com o Renato — expliquei para as crianças que a profissão dele não era aquela, mas que ele também sabia tirar fotos — e ele mostrou como que se põe o filme na máquina, como que regula a entrada da luz etc. Depois começamos a escolher os lugares onde íamos tirar as fotos, do jeito que íamos tirar as fotos — se com nossos bichos, ou sem os bichos, com quem ficava (de cada vez) os bichos... Grandes discussões sobre o assunto.

Para mim foi um momento carregado de uma emoção forte e de uma saudade (já) grande...

A próxima visita foi ao Laboratório de Bio-Química da USP — trabalho da mãe e do pai de Acauã.

Lá tivemos a oportunidade de observar de perto vários instrumentos e máquinas. E particularmente ficaram fascinadas por uma sala "gelada" onde os "bichinhos" "dormem", uma "sala quente", um microscópio, uma lupa onde observaram o levedo (lembraram que já conhecíamos o levedo)... e a geladeira supergelada (que gela abaixo de 50° centígrados).

Lanchamos todos juntos com a Marina e o Gogui, depois fomos conhecer uma sala de aula, e voltamos para a escola.

A visita seguinte foi ao pai da Avana, Tenório. Nos reunimos em sua sala e a partir das perguntas das crianças, Tenório foi falando do seu trabalho (psicanalista); visitamos outras salas — onde também se trabalha com crianças.

Algumas visitas ainda estão por se realizar enquanto escrevo este relatório, mas o que basicamente gostaria de salientar é a importância que senti nas crianças de terem os pais, as mães, dentro do nosso trabalho.

Para mim, repetindo o que já mencionei neste relatório e nos anteriores, é um dos eixos de nossa atividade.

A educação como processo de conhecimento que engloba tudo e todos – escola e pais.

Nesse processo, pais, irmãos e amigos (outras crianças) também vêem à escola. Recebemos a visita de irmãos e amigos durante o ano que vieram pelos motivos mais diversos – falar sobre suas escolas, sobre bichos, ensinar-nos como se fazia flauta de barro, jogar futebol.

IV

Foi com as visitas ao local de trabalho dos pais que iniciei a experiência de leitura de textos. Sempre, depois de cada visita, escrevia um texto, a partir das impressões das crianças e minhas sobre a visita — o de que mais gostaram, o de que não gostaram, comentários, etc.

Até então estávamos, como mencionei no relatório do 3º trimestre, na formação de frases ("escrever o que a gente pensa").

Gostaria aqui, de falar um pouco desse processo de alfabetização — leitura do mundo e da palavra, que sempre caminharam juntos desde o início do ano. Quando digo que sempre caminharam juntos, quero dizer que a alfabetização fluiu, foi "gestada", **na vida, no todo,** das experiências de cada um, **no entendimento do mundo, na leitura do mundo**[1].

A "decifração da palavra " fluiu naturalmente, da nossa vida, inserida no mundo. Fluiu da descoberta de que "borboleta põe **ovo**?" Em seguida com o **TATU** (tatu bolinha), que encontramos no pátio da escola. Com o **SAPO**, da minha casa, com a **PIPOCA** que dei de presente pela saudade que tive das crianças nos feriados, com a **PIPETA** do Gogui, pai do Acauã, com a descoberta da formação de novas palavras:

— *Eu descobri como se escreve TITIO.*

— E como você descobriu?

— *Tem uma menina que se chama TITI, daí eu juntei o O e ficou TITIO.*

— *Olha o que eu descobri: TU TAVA!*

— *Sabia que PATO, de trás pra frente, o que fica? TOPA — TU TOPA?*

1 — Vide final do trabalho.

— *Eu descobri sozinho a escrever VACA...*
— Como que você descobriu?
— *Eu descobri EVA e depois juntei o CA, virou VACA...*(*)

E nessas descobertas, e nesse viver, nesse dizer as palavras, a apropriação do processo de alfabetização foi se dando em cada criança. A minha função foi sempre a de propiciar organizadamente o "espaço" para que aquela apropriação se fosse dando.

No final do 1º semestre e início do 2º semestre, as descobertas eram distintas:
— *Sabia que sempre é a mesma coisa? TU — MU — DU — TA — MA — DA.*
— É, tem o TA — TO — TI — TE e o TU... (descoberta das famílias silábicas).

Organizei de modo sistemático os desafios — parâmetros de palavras que começassem com os mesmos fonemas, jogos com palavras que continham um mesmo fonema, repetidamente etc. — para que a descoberta da família silábica se coletivasse.
— *Olha, quanta palavra que a gente já inventou: 76!*
— *Tem mais ainda... Tem muita palavra que não está aí, viu Madalena!*
— *Tem o RO do Rogério, mas o RRO de carro é com RR, sabia?*
— *Eu já sabia disso há muito tempo, TERRA é do mesmo jeito...*

E foi com o domínio crescente da leitura das palavras que o novo desafio, surgiu:
— Tudo o que a gente pensa, pode-se escrever: construção de frases.

Quem queria escrever sobre qualquer coisa, escrevia na lousa, e depois todos copiavam no seu caderno:
— *Eu tomei vitamina.*
— *Eu gosto de suco.*
— *Eu comi tubarão, etc...*

Trabalhamos bastante nesse período a estrutura da frase, "montando" e "desmontando" essa estrutura: oferecia a estrutura da frase — embaralhada — (a frase recortada) e pedia que montassem.

Tudo que vivíamos era documentado, escrito por eles:
— *Tenho medo da baleia.*
— *A baleia é amiga.*
— *A baleia mora no mar.*

(*) Trabalhamos bastante nesse período com a caixa de sílabas, na formação de novas palavras.

— *Madalena está chata.*
— *Eu detesto a Madalena.*
— *Eu amo..........*
— *Odeio..........*
— *Eu gosto da Madalena.*
— *..... ama..........*
— *Eu tenho medo do escuro,* etc.

Depois de uma festa de aniversário da Juja onde vimos um palhaço:
— *O palhaço é legal.*
— *O palhaço não sabe fazer mágica.*
— *O palhaço é bobo,* etc...

Certo dia se iniciou na roda uma conversa sobre "gente que escreve no muro": salientei que muitas vezes tenho lido frases bonitas, que eu tinha visto uma perto da escola sobre São Paulo. E nasce dessa conversa a sugestão de escrevermos sobre a Escola da Vila:
— *A Escola da Vila é minha escola.*
— *Eu adoro a Escola da Vila.*
— *Eu quero que a Escola da Vila tenha piscina.*
— *A Escola da Vila é legal,* etc.

O surgimento da biblioteca foi uma ótima oportunidade para trabalharmos a estória, a narrativa. E foi através dos livros de estórias que desembocamos no texto.

‾Com a leitura dos textos — sobre o trabalho dos pais — a consciência do tanto que já lêem, aflorou de modo claro:

— *Puxa vida! Eu já leio tudo isso...*
— *Eu já sei ler mesmo, Madalena!*
— *Eu pensava que não ia ler tudo... e consegui!*

Foi a partir desse momento que tenho observado nas crianças um interesse em ler "nosso livro de estórias do PRÉ", num sentimento forte de apropriação, de retomar nas mãos nossa história vivida, agora, lendo-a com seus próprio olhos.

Terminando, gostaria de falar da minha alegria de vocês terem aceito meu convite (feito no primeiro relatório) de vivermos juntamente com as crianças a emoção da Paixão de Conhecer o Mundo.

X   X   X

(1)* "A leitura do mundo precede a leitura da palavra, daí que a posterior leitura desta não possa prescindir da leitura daquela"...
...
Este movimento do mundo à palavra e da palavra ao mundo está sempre presente. Movimento em que a palavra dita flui do mundo mesmo, através da leitura que dele fazemos.
De alguma maneira, porém, podemos ir mais longe e dizer que a leitura da palavra não é apenas precedida pela leitura do mundo mas por uma certa forma de "escrevê-lo" ou de "re-escrevê-lo", quer dizer, de transformá-lo, através de nossa prática consciente. Este movimento dinâmico é um dos aspectos centrais, para mim, do processo de Alfabetização".

(*) Freire, Paulo: *A Importância do Ato de Ler em Três Artigos que se Completam.* Coleção Polêmicas do Nosso Tempo. Cortez Editora, 1982.

LIVRO DE NOSSAS HISTÓRIAS
(Pré-1981)

Livro de Nossas Estórias

(Pré - 1981)

São Paulo. 11 de fevereiro de 1981.

O TUBARÃO ANEQUIM.

NÓS LEMOS NO LIVRO, A ESTÓRIA DE
UM TUBARÃO QUE TINHA 12.METROS.
O NOME DELE É ANEQUIM.   NÓS, ENTÃO
FOMOS MEDIR OS 12METROS, NA CLASSE,
E NÃO DEU PARA DESENHAR O ANE-
QUIM NA NOSSA CLASSE,   ENTÃO NÓS
COMBINAMOS   DE DESENHAR O TUBARÃO,
ANEQUIM, NA PAREDE DO PARQUE.
MEDIMOS PRIMEIRO PARA VER SE DAVA
OS 12METROS E DEPOIS DESENHAMOS.
ELE É UM TUBARÃO MUITO PERIGO-
SO. SÓ TEM NO MUNDO INTEIRO 3 ou
QUATRO), DESSE TUBARÃO.
NO OUTRO DIA VADICO FOI MEDIR O

TUBARÃO E FALTAVA AINDA UM
POUCO PARA FAZER 12 METROS.
FIM.

22 de fevereiro de 1981.

A BORBOLETA.

UM DIA ROGÉRIO TROUXE
MA BORBOLETA, VIVA, PARA A
LASSE.   ELA VOOU PELA
LASSE E POUSOU NO ARMÁ
RIO.
MA DA LENA NO FIM DO DIA
OS A BORBOLETA, ATRÁS
A BORBOLETA AZUL, NA
AREDE.
O OUTRO DIA QUANDO
EGAMOS, ELA ESTAVA
ORTA E TINHA POSTO
230 OVOS.
S OVOS FORAM MUDANDO
E CÔR.

BORBOLETA

1

2

3

MUDANDO DE COR ...   E HOJE SAIRAM
AS LARVAS.
MADALENA PÒS AS LARVAS
NUMA VASILHA COM FOLHA
DE ALFACE. (23.3) ELAS NÃO COME

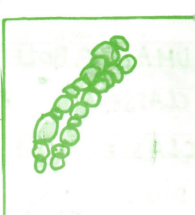

RAM NADA   ENTÃO DANI

TROUXE   DA CASA DELE FÒ.

LHA DE AMORA. TAMBÉM NÃO

QUIZERAM COMER NADA.

MADALENA ENTÃO TROUXE DA

HORTA DA CASA DELA FOLHA

DE COUVE. E ELAS TAMBÉM

NÃO COMERAM ! !) . . .

ZÉLIA , DA CLASSE DO MATERNAL

DEU UMA IDÉIA DE TRAZER

UM VASO DE SAMAMBAIA PARA

ᵢR AS LARVAS NELE.

ELAS FICARAM MAIS QUIETAS SEM FUGIR

MAS QUANDO CHEGAMOS ... ESTAVAM

ODAS MORTAS...

TODOS NÓS FICAMOS
TRISTES E CHATEADOS
COM A MORTE DAS
LARVAS...

FIM

SÃO PAULO 26 DE MARÇO DE 1981

A BRIGA.

HOJÉ TEVE UM BRIGA NA CLASSE.
MADALENA ESTAVA CONVERSANDO COM O PAI DO
VADICO, O MOISÉS NO FIM DO DIA, E DE REPENTE,
UM CHÔRO: AII!... AII!... AII!...
MADALENA LEVOU AQUELE SUSTO! NUNCA TEVE UMA
BRIGA EM NOSSA CLASSE, ANTES.
QUEM ESTAVA BRIGANDO ERA O ROGÉRIO E O
DANI.
DANI ESTAVA EMCIMA DO ROGÉRIO PUXANDO
O CABÊLO E RÔ CHORANDO... MÁDALENA
APARTOU A BRIGA E PERGUNTOU:
— O QUE ESTÁ ACONTECENDO? PRÁ QUE ISSO?
DANI — FOI PORQUE ELE BATEU COM A RODA NA
MINHA CABÊÇA! ENTÃO EU METI OUTRA RODA
NA CABÊÇA DELE!...
RÔ — MAS FEZ ATÉ UM "GALO"!!! E JÁ TINHA
OUTRO EMBAIXO!...
ENTÃO, MADALENA FALOU QUE A BRIGA ESTAVA
EMPATADA, POIS SEO RÔ BATEU NO DANI, E
O DANI BATÉU DE VOLTA NO RÔ... E FALOÚ PA
RA OS DOIS SENTAREM-SE UM POUCO, PAR
DESCANSAR E PASSAR A RAIVA...
COMO O "GALO" NA CABÊÇA DO RÔ ESTAVA DOEND
MADALENA, FOI COM ELE NO BANHEIRO E MOLHOU
SUA CABÊÇA. TAMBEM FICOU COM ELE NO COLO UM
TEMPO ATÉ PASSAR A DÔR...
DEPOIS O MOISÉS CHAMOU O RÔ PARA ESPE
RAR O JULIO. E ELE JÁ TINHA PARADO DE CHORAR

O RÔ DEPOIS DA BRIGA FOI PARA A CASA
DO VADICO, ESPERAR O PAI DÊLE.
 ELE BRINCOU DE "PARA-QUEDAS", ASSISTIU
"CHIPS" E DEPOIS FOI PARA CASA DORMIR.

FIM

25 de março de 1981.

O BUTANTÃ

NÓS FOMOS NO BUTANTÃ LEVAR NOSSAS ARANHAS E NOSSA COBRA, PARA VER SE ERAM VENENOSAS. E TAMBÉM PARA SABER OS NOMES DAS ARANHAS.

NÓS FIZEMOS OS "CRACHAS" COM O NOME DA ESCOLA E COM O NOSSO NOME PORQUE QUEM SE PERDESSE, MOSTRAVA O NOME DA ESCOLA COM O TELEFONE.

TAMBÉM LEVAMOS DUAS FICHAS DE PAPEL GROSSO, PARA TUDO QUE A GENTE VISSE QUE GOSTASSE, DESENHAR.

QUANDO NÓS CHEGAMOS, O GUARDA OO BUTAN-TÃ FOI LOGO FALANDO QUE NÃO PODIA FALAR ALTO. TINHA DUAS PARTES NO BUTANTÃ _ UMA SÓ DE COBRAS E OUTRA SÓ DE ARANHAS.

NÓS VIMOS MUITOS TIPOS DE COBRAS. A CAS-CAVEL, A SUCURI, A CORAL, A COBRA CIPÓ E MUITAS OUTRAS NÓS VIMOS O MOÇO OO BUTA-TÃ TIRAR O VENENO DA COBRA: ELE PEGOU UMA COBRA, ABRIU A BOCA OELA COM UMA PINÇA EMPURROU OS DENTES E SAIU DUA GOTINHAS AMA-RELAS DA BOCA OELA.

TINHA UMA COBRA CORAL FALSA, QUE A GEN PODE PEGAR NELA E VER BEM DE PERTO.

A COBRA QUE NÓS LEVAMOS PARA SABER SE ERA VENENOSA, NÃO ERA PORQUE COBRA VENENOSA TEM A CABEÇA ASSIM E A NOSS

EM ASSIM: ☺ — NÃO ERA VENENOSA. E TAMBÉM PORQUE
BRA VENENOSA TEM SINO-CHOCALHO NO RABO. A NOSSA NÃO TEM.
NO LADO DAS ARANHAS, NÓS DESCOBRIMOS QUE NOS-
SAS ARANHAS ERAM MUITO PERIGOSAS. UMA, A MAIS
PELUDA, QUE A GENTE PENSAVA QUE ERA A TARÂNTULA
NÃO ERA. ERA A CARANGUEJEIRA. E A OUTRA
ERA A ARMADEIRA. A ARMADEIRA É A MAIS PERIGO-
SA. A ARANHA QUE A TULA TROUXE DO SITIO,
VIVA ERA ARMADEIRA TAMBÉM.
NÓS VIMOS A "VIUVA NEGRA" E A TARÂNTULA. TAMBÉM.

NO FIM DE TUDO, DA VISITA, FOI QUE NÓS FIZEMOS
AS PERGUNTAS PARA O MOÇO DO BUTANTÃ;
   1- A ARANHA PELUDA É A TARÂNTULA?
   2- A OUTRA QUE NÃO É PELUDA, QUAL É O NOME?
   3- É VERDADE QUE TEM ARANHA COM OITO
    OLHOS?
   4- AS ARANHAS TEM UM LÍQUIDO FEITO "COLA" NA
    TEIA?
   5- O MAIOR INIMIGO DA ARANHA É A VESPA?

ÃO DEU PARA O MOÇO RESPONDER TODAS AS
ERGUNTAS. FALTOU A ÚLTIMA. ELE FALOU QUE TEM
LGUMAS QUE TÊM OITO OLHOS, SIM.

ÓS VIMOS TAMBÉM UM ESQUELETO BEM GRANDE DE
OBRA.

MOÇO DO BUTANTÃ FALOU TAMBÉM QUE NÃO PODIA
R A MÃO NO VIDRO.

FIM

27 de março - de 1981

'A NAJA'

NÓS LEMOS NO LIVRO HOJÉ UMA
ESTÓRIA DA NAJA.
ELA VEM DA INDIA. TEM 5.M, É
MUITO PERIGOSA.
NÓS MEDIMOS OS 5M. NA SALA, E
DEU. FICAVA EMPATANDO A RODA
NO CHÃO.
MADALENA PERGUNTOU SE DAVA
NO CORREDOR DA ESCOLA - ELA
DAVA SIM.
QUANDO TODOMUNDO SAIU PARA
O PARQUE, AVANA E EMILIA PE
DIRAM GIZ PARA DESENHAR
A NAJA NO CORREDOR. MADA
LENA, (GRANDE) FALOU QUE TAMB.
QUERIA FAZER. ENTÃO ELAS
COMBINARAM QUE MADALENA
FAZIA A CABEÇA E ELAS FAZ
O CORPO ATÉ O RABO.
DEPOIS PINTAMOS TUDO COM GI
VERDE, E DEPOIS PASSAMOS
COLA POR CIMA.

FIM

31 de março de 1981.

"DONA COBRA MORTA"

) PAI DO ROGÉRIO, O JULIO, VEIO HOJÉ AQUI NA
LASSE PARA DISSECAR NOSSA COBRA.
ELE ABRIU A COBRA COM A TESOURA E DEPOIS ELE
OI PEGANDO A COBRA COM A PINÇA. FOI ABRINDO
BARRIGA DELA E AGENTE FOI VENDO TUDO POR
ENTRO, TIROU O CORAÇÃO, O FIGADO, A ESPINHA,
VOS, O TUBO DA COMIDA, O PULMÃO...
TUDO, TUDO. DEPOIS AGENTE
REGANDO A COBRA COM
ALFINETE N° ISOPOR, ELA FI
OU ESTICA DINHA,
NQUANTO O JULIO IA TIRAN-
O TUDO DE DENTRO
A COBRA NÓS IAMOS PONDO
O VIDRO COM ALCOOL.
DEPOIS NÓS ARRUMAMOS TODO
S VIDRINHOS NOM LUGAR DE
OR VIDROS DE LABORATORIO.
DEPOIS JULIO TEVE QUE IR EMBO
A E TODO MUNDO COMPRIMENTOU O JULIO
DEU PARABENS PARA ELE

FIM.

3 de abril de 1981.

"PAI DO ACAUÃ ou PÃO E EXPERIÊNCIA."

UM DIA O ACAUÃ TROUXE UM PÃO BEM GOSTOSO PARA OLANCHE, E FALOU QUE TINHA SIDO O PAI DELE QUE TINHA FEITO. DAI NÓS FIZEMOS UM BILHETE PARA O GOGUI, PERGUNTANDO SE ELE PODIA MANDAR UM PÃO PARA NÓS LANCHARMOS, TODO MUNDO. E NO OUTRO DIA ACAUÃ TROUXE UM PÃO E TAMBEM UM POTE DE REQUEJÃO PARA COMER COM O PÃO.

MADALENA COMBINOU COM A GENTE QUE O PAI DO ACAUÃ VINHA UM OIA FAZER PÃO PARA A GENTE APRENDER COM ELE. TODO MUNDO TOPOU.

O FOGÃO ESTAVA QUEBRADO UM TEMPÃO E O GOGUI DEMOROU PRA VIR ... MAS HOJE ELE VEIO.

ELE PASSOU O TEMPO TODO DA ESCOLA NA CLASSE (ELE TAMBEM FOI NO PARQUE, BRINCAR UM POUCO DE MONSTRO) COM A GENTE.

PRIMEIRO NÓS FOMOS FAZER O PÃO.

GOGUI TROUXE UMA PANELONA BEM GRANDE. E PRIMEIRO POS 5 XÍCARAS DE ÁGUA, DEPOIS 3 COLHERES DE FERMENTO (QUE SE CHAMA TAMBEM LEVEDO QUE TEM OS

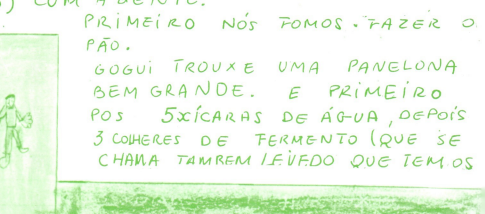

BICHINHOS) 3 COLHERES DE AÇÚCAR E DUAS DE SAL. MEXEU
TUDO BEM MEXIDO PARA DISSOLVER BEM E POS UM QUILO
E FARINHA DE TRIGO (UM PACOTE TODINHO). MISTUROU
TUDO OUTRA VEZ E BOTOU TAMBEM UM POUCO DE
ÓLEO. NESSA HORA A MASSA AINDA ESTAVA
BEM MOLE E A TAMARA FALOU QUE PARECIA
UMA MELECA. ENQUANTO O GOGUI IA AMASSAN
O MADALENA IA PONDO, A OUTRA FARINHA — A MAIS
ESCURA — A INTEGRAL, E DAÍ A MASSA FOI FICANDO
MAIS DURA.

DEPOIS TEVE QUE BATER BASTANTE A MASSA, O
GOGUI BATEU ATÉ NA NOSSA MÃO, COM A MASSA...
A MASSA FICOU DESCANSANDO UM TEMPO PARA
ELA PODER CRESCER. TEM UM JEITO QUE A GENTE
SABE QUANDO A MASSA ESTÁ BOA, SE JÁ CRESCEU,
A GENTE POÕE UMA BOLA DE MASSA NUM COPO COM
ÁGUA E QUANDO A BOLA SOBE, É PORQUE A MASSA
ESTÁ BÔA. ELA CRESCE E SOBE NO COPO COM
ÁGUA, PORQUE OS BICHINHOS DO LEVEDO SOLTA
UM GÁS E EMPURRA ELA PRÁ CIMA

DEPOIS QUE AMASSA CRESCEU NÓS BATEMOS, AINDA, CADA
DOIS, UM PEDAÇO. E DEPOIS COLOCAMOS AMASSA NA
LATAS.
CADA CLASSE GANHOU UM PÃO DE PRESENTE
TODO MUNDO GOSTOU MUITO, E VEIO ATÉ PEDIR
MAIS. NÓS COMEMOS O NOSSO NUM MINUTO! COM
MARGARINA...
NÓS LEVAMOS UM PEDAÇO DE PÃO PRA MÃE E O PA
TAMBÉM.

O GOGUI TAMBEM FÊZ UMA EXPERIÊNCIA COM
OS BICHINHOS DO LEVEDO.
MISTUROU PRIMEIRO O LEVEDO NUM TUBO
COM ÁGUA QUE FICOU CINZA DE TANTO BICHINHO Q
TINHA. SÓ QUE NINGUÉM VIA OS BICHINHOS
PORQUE ELES SÃO MUITO PEQUENOS. SÓ DÁ PRA
VER COM MICROSCÓPIO.
DAI ELE PEGOU UMA PIPETA E PEGOU UMAS GO
DO TUBO QUE TINHA LEVEDO E PÔS NUM OUTRO
TUBO COM ÁGUA. ESSE NÃO FICOU TÃO CINZ
PORQUE TINHA MENOS BICHINHOS
SÓ QUE ESSES BICHINHOS NÃO FAZEM MA
PRA GENTE. PORQUE TEM MICRÓBIO QUE FAZ MAL
E MICRÓBIO QUE NÃO FAZ MAL - QUE É BOM PRA
BRIGAR COM OS QUE FAZ MAL.
ENTÃO O GOGUI FEZ UMA EXPERIÊNCIA
PARA MOSTRAR ONDE QUE TEM MICRÓBIO. A GEN
POS O DEDO NUMA PLACA QUE ELE TROUXE (PLAC
DE PETRIK - FOI O HOMEM QUE DESCOBRIU), TAMBÉ
PUSEMOS A MARCA DA MAÇANETA, DA NOSSA TOALHA
DE LANCHE, DA MESA...
E TAMBÉM DEIXAMOS UMA PLACA ABERTA UNS

TEMPOS , NO AR ... PARA VER SE TINHA MICROBIO
NA SEGUNDA-FEIRA , AS PLACAS ESTAVAM CHEIAS DE
MICRÓBIOS ! ! ! ... TINHA CRESCIDO UMAS BOLINHAS
DE TODOS OS TIPOS. TINHA ATE UMAS COR DE ROSA
E UMA PRETONA , E UMAS AZUIS.

NÓS DESCOBRIMOS QUE O BICHINHO DO LEVEDO
NÃO TEM PAI E MAE ELE CRESCE E SE REPRODUS
ASSIM !

NÓS GOSTAMOS MUITO QUE O PAI DO
ACAUÃ VEIO TRHBALHAR COM A GENTE

FIM

6 de abril de 1981

"O PAI DO VADICO VEIO AQUI"

O PAI DO VADICO, o MOISÉS, VEIO CONVERSAR COM A GEN[TE]
DOS MICRÓBIOS QUE FÁZ MAL. QUE PORISSO O
HOMEM INVENTOU A VACINA
E TAMBÉM COMO QUE FÁZ O SORO - A VACINA -
PARA QUANDO UMA PESSOA É MORDIDA POR UMA
COBRA.

O SORO DA COBRA O HOMEM FÁZ ASSIM:
TIRA PRIMEIRO O VENENO DA COBRA, IGUAL COMO
A GENTE VIU NO BUTANTÃ, DEPOIS PÕE NUMA INJEÇÃO E
DÁ UMA INJEÇÃO DESSE VENENO NO CAVALO. O VE
NENO DA COBRA DENTRO DO CAVALO VIRA O ANTI-V
NENO: O QUE BRIGA COM O VENENO:

O HOMEM, DEPOIS D[O]
ANTI-VENENO, LAV[A]
[Q]DROS DE LABORA
QUANDO CHEGA
DE COBRA NO
JÁ ESTA
PÕE NA INJ
DAR NA PESSOA

O ROGÉRIO, E
COBRAMOS QUE
SÓ PRA ANDO
ELE É MUITO
ZER SORO CONT[RA]
ESCORPIÃO...

UNS DIAS TIRA O
BEM E PÕE NOS VI
TÓRIO. E ENTÃO
[A]LGUÉM MORDIDO
[B]UTANTÃ O SO
[P]RONTO, E EL
[Ç]ÃO E POD[E]

NÓS TODOS DES
CAVALO NÃO É
[?]DE CAVALO"!...
LEGAL PRA F[?]
ARANHA, CONTRA
dos micróbios

NÓS TAMBÉM CONVERSAMOS DOS BICHOS QUE FAZEM

MAL PARA NÓS   QUE UM GEITO DE NÃO DEIXAR ESSE
MICRÓBIOS ENTRAR NO NOSSO CORPO, E SER MAIS FOR
TE QUE AGENTE E COMER BEM. QUE QUANDO NÓS
STAMOS · COM NOSSO CORPO FORTE NÓS GANHAMOS
A LUTA COM ELES.

E SABE COMO FÁZ A VACINA QUE PROTEGE A
GENTE DAS DOENÇAS? O HOMEM ISOLA O MICRÓBIO
RUIM (— IGUAL O VADÍCO QUE FOI TIRAR O BICHINHO DO
NARIZ PRA SABER QUE BICHINHO QUE ERA —) E PÕE
ELE NUMA PLACA COM COMIDA (— IGUAL NÓS FIZEMOS
COMO GOGUI COM O BICHINHO DO LEVEDO —) DAÍ O
BICHINHO VAI COMENDO E VAI CRESCENDO (DAQUELE
JEITO QUE O GOGUI FALOU QUE OS MICRÓBIOS CRESCEM)
E VAI FICANDO CADA VEZ MAIS FRACO... CADA
VEZ MENOS RUIM PRA GENTE.
ENTÃO O HOMEM ISOLA ESSE MICRÓBIO, QUE
FICOU MENOS RUIM OUTRA VEZ EM OUTRA PLACA
E DÁ MAIS COMIDA PRA ELE OUTRA VEZ.
E ELE VAI FICANDO MAIS FRACO AINDA.
DEPOIS DE UM TEMPO O HOMEM TIRA DA PLACA COM UMA INJEÇÃO
O ANTI-MICRÓBIO QUE VIROU ENTÃO A VACINA.

NO FIM NÓS AGRADECEMOS AO MOISÉS E DEMOS TCHÁU
PRA ELE.
NÓS ACHAMOS "LEGAL" A CONVERSA COM O MOISES.

FIM.

10 de abril de 1981 — DANI.

"VISITA À CASA DA AVANA"

NÓS RECEBEMOS UM CONVITE DA AVANA PARA LANCHAR
MOS NA CASA DELA...
A ZELIA, A MÃE DA AVANA TEVE A IDEIA DE FAZER
UMAS FICHAS COM DESENHO DAS COISAS QUE TINHA PE
LO CAMINHO.
NÓS FOMOS SEGUINDO AS PISTAS PARA ENCONTRAR
A CASA DA AVANA. NÓS FOMOS A PÉ, PORQUE
ACASA DA AVANA FICA PERTO DA ESCOLA.
NO BAIRRO DA VILA MADALENA.
ALAÍDE, A MOÇA AMIGA DA AVANA, QUE TRABALHA
NA CASA DELA, VEIO PARA A ESCOLA, PARA PODE
IR COM A GENTE A PÉ.
NÓS ENCONTRAMOS MUITAS COISAS PELO CAMINHO:

TEVE UM CARRO QUE DEU UMA BRECADA BEM EMCIMA D'AGEN
E!... NÓS TOMAMOS AQUELE SUSTO!
NÓS DESCOBRIMOS MUITAS PLACAS NO CHÃO! ERA DO
GÁS, DA TELESP, DE VÁLVULA DE INCENDIO.
TAMBEM TINHA UMA QUITANDA NO CAMINHO, E NÓS PARAMOS
E PEDIMOS BANANA DE GRAÇA!! AO MOÇO E ELE DEU!!
NÓS VIMOS ONDE FICA O BALET DA AVANA ...
TINHA UM RIO POLUIDO E FEDORENTO NAQUELA RUA
ESTREITA, QUE SÓ CABIA DOIS NA CALÇADA ANDANDO,
NÓS PASSAMOS POR UM BICICLETEIRO E UMA BORRA-
CHARIA - (TAMBEM TEVE UMA BANCA DE JOR-
NAL QUE FICA BEM PERTINHO DA ESCOLA!)
QUANDO NÓS CHEGAMOS NUM POSTO DE GASOLINA, NÓS
ATRAVESSAMOS A RUA E CHEGOU NA CASA DA AVANA!

ÓS BRINCAMOS COM AS BICICLETAS DA AVANA, VIMOS A
ASA DELA E DESCOBRIMOS QUE. MAURICIO CAETANO
MORA BEM PERTINHO DA AVANA !!! É VIZINHE QUASE.
TULA E MAURICIO PEGOU O TELEFONE DELE E
CONVERSARAM COM ELE.

TEVE UM LANCHE COM UM BOLO DE CHOCOLATE DELI
CIOSO, QUE· ALAIDE, QUEM FEZ E TAMBEM. TEVE
GELAT! A COLORIDA. ALAIDE E AVANA. É QUEM
SERVIRAM TUDO NA RODA ...
DEPOIS NÓS BRINCAMOS MAIS UM POOCO E VOLTAMO
DE CARRO MADALENA QUEM VGIO DIRIGINDO PARA
A ESCOLA.

FIM

13- Abril de 1981.

"BORBOLETA 'BONITA' OU
"O LINDO CASULO QUE VAI VIRAR
UMA LINDA BORBOLETA."

HOJE, QUANDO NÓS CHEGAMOS NA
CLASSE E SENTAMOS NA RODA TIVEMOS UMA
SURPRESA! A LAGARTA QUE ESTAVA
NO NOSSO VASO DE SAMAMBAIAS TINHA
VIRADO CASULO!!!
ENTÃO FOI A MAIOR FESTA NA CLASSE!
TODO MUNDO GRITANDO: EH! EH! EH!... E
ABRAÇADO COM OS AMIGOS...

NÓS NÃO SABEMOS SE FOI A LAGARTA
DA JUJA, OU DA EMILIA, OU DA IL
QUE VIROU ESSE CASULO.

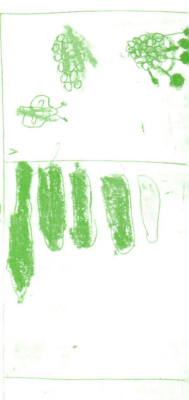

28 de abril

HOJE EMILIA   DESCOBRIU
QUE NOSSO   CASULO
VIROU BORBOLETA! NÓS DE-
CIDIMOS SOLTAR   A BORBOLETA
NO PARQUE...   TODO
MUNDO, DE   TODAS AS
CLASSES, FOI   COM A GENTE
SOLTAR ELA.   BORBOLETA...

ELA SAIU VOANDO TODA ALEGRE E
FELIZ!...

-"ELA FICOU NO CASULO 16 DIAS!"
-NÃO,... PRECISOU 16 DIAS PARA A LAGARTA DENTRO DO CASULO SE TRASFORMAR

15 abril de 1981

"RICARDO"

" O TIO DO MAURICIO VEIO HOJE AQUI NA NOSSA
CLASSE. ELE VEIO PARA DISSECAR NOSSA POMBA.
O NOME DELE É RICARDO.
ELE TROUXE UM ESQUELETO DE MACACO E TAMBEM UM
OUTRO DE UM PÁSSARO.
O RICARDO FOI ABRINDO PRIMEIRO O PEITO DA POMBA. NÓS
VIMOS O "TUBO DE AR" E DEPOIS, ATRÁS TINHA O TUBO DIGESTIVO.
QUE ERA BEM GRANDÃO. TINHA O FÍGADO. AVANA FOI QUEM
VIU PRIMEIRO! DEPOIS O CORAÇÃO, QUE É MAIOR QUE O DA
COBRA! (JÁ PENSOU QUE TAMANHO SERÁ O DA GENTE?!)
NÓS DESCOBRIMOS QUE NOSSA POMBA ERA MACHO, PORQUE
TINHA 'SACO'. SE FOSSE FEMEA TINHA OVÁRIO, O LUGAR
DE GUARDAR OS OVOS.
O RICARDO TAMBEM TROUXE UM BISTURÍ MUITO AFIADO
E PERIGOSO...
DEPOIS QUE NÓS VIMOS TUDO DA POMBA — (TEVE MUITA COISA
TEVE POR ONDE SAI O COCÔ, QUE NA
POMBA E NA GALINHA E NOS PASSARINHOS
COCÔ E OXIXI SAI TUDO PELO MESMO
BURACO!) NÓS FOMOS MONTAR COM
RICARDO A "MULHER VISIVEL" QUE TINHA
UM NENEM NA BARRIGA.
NÓS VIMOS TODAS AS PARTES DO NOSSO
CORPO: ESQUELETO, TUBO DIGESTIVO,
CORAÇÃO, INTESTINO, O TUBO DO COCÔ, O
PULMÃO, OS PEITOS (QUE NA MULHER
TEM MAMA QUE FAZ O LEITE PARA O
NENEM MAMAR) DA MULHER E O NENE
DENTRO DA BARRIGA."

EM BORBOLETA... FIM.

FOI DIFICIL ATÉ ~~PARA~~ PARA RICARDO MONTAR...

O RICARDO LANCHOU CONOSCO ELE GANHOU MUITOS
PRESENTES DE LANCHE.
DEPOIS TEVE AS DESPEDIDAS, E ELE FOI
EMBORA...
O QUE NÓS MAIS GOSTAMOS DESSE DIA FOI
DE MONTAR A MULHER VISIVEL, DO ESQUELETO
DO MERGULHÃO, OO TUBO DE AR. E DO ESQUE-
LETO DE MACACO...

FIM.

P.S. - 28 de abril
   RECEBEMOS HOJE UMA CARTA DO RICARDO!!!.
   É MUITO BOM RECEBER CARTA...

P.S. - 30 de abril
               DECIDIMOS MANDAR NOSSO
RELATÓRIO PARA O RICARDO POIS ELE TAMBÉM
TEM UMA PARTE DELE NO RELATÓRIO.

22 abril de 1981

"O OVO DE BARRO E O OVO DE·GESSO"

MADALENA TROUXE UM MOLDE DE UM OVO BEM GRANDE
E ELA TEVE A IDEIA DE FAZER UM OVÃO DE BARRO,
NÓS ENCHEMOS DE BARRO O MOLDE E DEIXAMOS
AS DUAS BANDAS DO OVO, SEM JUNTAR, PARA SECAR,
NO OUTRO DIA A TULA TROUXE TAMBÉM, UM MOLDE,
O FILHINHO, PEQUENO DE OVO E ENTÃO NÓS FIZEMOS
UM OVO DE GESSO! NO MESMO DIA NÓS FIZEMOS
AS BALAS (DE PAPEL ALUMINIO) E EMBRULHAMOS COM
PAPEL CREPOM E COLOCAMOS DENTRO DO OVO.
DEPOIS EMBRULHAMOS O OVO COM PAPEL CREPOM,
TAMARA NO OUTRO DIA TROUXE UM PAPEL PARA
EMBRULHAR NOSSO OVÃO - (ERA PAPEL DE OVO DE PÁSCOA..)
MADALENA LEVOU O OVÃO PARA SECAR NA CASA DELA
E HOJE ELA TROUXE ELE DE VOLTA.

24 de abril de 1981

"O ARCO-IRIS, COLORIDO E LINDO..."

TINHA UM PASSARINHO DE VIDRO, QUE MADALENA TROUXE
PARA PENDURAR NA CLASSE, DAÍ ELA PERGUNTOU,
PARA TODO MUNDO ONDE QUE ERA PARA PENDURAR.
TODO MUNDO FICOU PENSANDO E ELA FALOU ONDE
QUE ESTAVA PENSANDO PENDURAR :—NO ARCO DA PA-
REDE DA NOSSA SALA.
ENTÃO NINGUEM SABIA O QUE ERA ARCO E MADA-
LENA MOSTROU, PASSANDO A MÃO, O QUE ERA.
VADICO, NESSA HORA FALOU; AH!...AINDA BEM! ~~QUE~~
~~NÃO~~ PORQUE EU PENSEI QUE VOCE QUERIA PENDU
RAR NO ARCO-IRIS!....
E MADALENA FALOU :— VADICO DEU UMA BOA-io
... QUEM TOPA FAZER UM ARCO-IRIS NESSE
ARCO??? !!!
TODO MUNDO TOPOU, E NÓS COMBINAMOS DE
FAZER DEPOIS DO PARQUE, NÓS FIZEMOS COM GIZ
TODO MUNDO TEVE QUE SUBIR EM CIMA DA MESA PARA POD

...CANSAR LÁ EM CIMA... TEVE ATÉ QUE POR UMA CADEIRA EM CIMA DA MESA, PARA PINTAR A CHU-VA.

AINDA VAI TER MUITA COISA PARA FAZER NO CÉU, VAI TER PASSARINHO, BORBOLETA RELÂMPAGO...

25 de abril.

HOJE NÓS CONTINUAMOS O TRABALHO NO ARCO ÍRIS. TEM MUITA COISA PARA RECORTAR; TEM ATÉ UM AVIÃO E UM RAIO!

NÓS PENDURAMOS AS BORBOLETAS E UM PASSARINHO. QUANDO FÁZ VENTO PELA JANELA DA NOSSA SALA, TODAS AS BORBOLETAS BALANÇAM COMO NUMA DANÇA...

O ARCO-ÍRIS FOI O QUE NÓS MAIS GOSTAMOS DE FAZER ATÉ AGORA...

FIM.

28 de maio de 1981.

"FELIPE E FELIPA"

MADALENA TINHA COMBINADO DE TRAZER, HOJE
UM CASAL DE COELHO PARA NOSSA CLASSE.
ACONTECEU QUE QUANDO ELA FOI NO MERCADO DE
PINHEIROS COMPRAR, NÃO TINHA NENHUM. ENTÃO
ELA COMPROU DOIS PERIQUITOS.
    NÓS FIZEMOS UMA VOTAÇÃO PARA SABER QUE
NOME NÓS IAMOS DAR PARA ELES, E GANHOU
FELIPE, PARA O MACHO, E FELIPA PARA A
FÊMEA.
O MOÇO QUE VENDEU OS PERIQUITOS, EXPLICOU PARA
MADALENA, QUAL ERA A CFERENÇA ENTRE O MA-
CHO E A   FÊMEA.

O MACHO TEM BICO, ESCURO, EM VOLTA DO NARI
E A FEMEA TEM BICO CLARO, EM VOLTA DO
NARIZ.

FIM.

5 de maio de 1981.

"O PASSARINHO BONITO   OU   MIMI."

NÓS GANHAMOS UM PRESENTE HOJE... QUEM DEU FOI O
MAURICIO!
ELE FOI COMPRAR UM COELHO, TAMBEM
IGUAL QUE A MADALENA, E NÃO TINHA. DAI
ELE COMPROU UM CANARIO. O PAI DELE
NÃO QUERIA, MAS ELE INSISTIU, INSISTIU
QUE DAI ELE TEVE QUE COMPRAR,
MADALENA FALOU QUE O MIMI VAI FICAR
NA ESCOLA ATÉ O FIM DO ANO, E DEPOIS
O MAURICIO LEVA PARA A CASA DELE,
ELE AINDA É MUITO NOVINHO, E NÃO CANTA.
AINDA VAI APRENDER,
O MOÇO QUE VENDEU, ENSINOU TUDO PARA
O MAU, COMO   QUE CUIDA
O MIMI.
NÃO PODE   DAR ALFACE,
EM QUE PON   ELE NO SOL
PARA ELE   PODER TOMAR
BANHO,

FIM.

5 de maio de 1781.

"O SOL QUE BRILHAVA OU O SOL QUENTE."

"NOS ESTAVAMOS CONVERSANDO NA RODA SOBRE ONDE IAMOS PENDURAR O MIMI, E ENTÃO TIVEMOS A IDEIA DE PENDURA-LO NO ARCO-IRIS (MAS MADALENA EXPLICOU QUE NÃO ERA UM LUGAR ADEQUADO PORQUE A GAIOLA IA FICAR BALANÇANDO E O MIMI SE ASSUSTAVA.) ENTÃO A JUJA TEVE A IDÉI DA GENTE FAZER UM SOL E PENDURAR ELE NO SOL COM ESSA IDEIA DA JUJA O MAURICIO TEVE OUTRA, O ROGÉRIO TAMBÉM TEVE A MESMA IDEIA AO MESMO TEMPO(!) DE FAZERMOS UM CEU NA NOSSA SALA !COM UM SOL! MADALENA TROUXE UM PANO BEM FININHO E NÓS COMEÇAMOS A COMBINAR COMO IA SER O CEU DISCUTIMOS BASTANTE SE O CEU IA SER TODO AZUL OU TODO BBANCO COM NUVENS AZUIS MAS ENTÃO FOMOS ATÉ A JANELA PARA OLHARMOS COMO ERA MESMO O CEU. ENTÃO CHEGAMOS A CONCLUSÃO: O CÉU SERIA TODO AZUL COM NUVENS BRANCAS.
TODO MUNDO TRABALHOU MUITO ATÉ ACABARMOS TODO O CÉU MAS VALEU A PENA, PORQUE ELE FICOU BONITO. BONITO NÃO, FICOU LINDO LINDISSIMO!!!... " FIM.

DRA. SONIA CORREIA LINS
Cirurgiã Dentista
Avenida São Luiz, 258 - Conj. 501 - São Paulo
Fone 256-8713

ILMO.(A) SR.(A) __ESCOLA DA VILA__
PARA

| 2.a FEIRA | 3.a FEIRA | 4.a FEIRA | 5.a FEIRA | 6.a FEIRA | SÁBADO |
| O | O | X | O | O | O |

DIA 6, 5, ÀS 14 HS

6 de maio de 1981

"A VISITA AO DENTISTA OU SÔNIA"

HOJE FOI UM DIA MUITO, ~~MUITO~~ MUITO, LEGAL E MARAVILHOSO, MESMO. NÓS FOMOS AO DENTISTA. O NOME DELA É SÔNIA. O CONSULTORIO DELA É NA CIDA-DE. NÓS FOMOS DE PERUA COM MADALENA E ALAI-E.

PELO CAMINHO NÓS PASSAMOS PERTO DA RUA DO

ÁDICO, POR UMA RUA CHAMADA RUA DA CONSOLAÇÃO, NDE TINHA UM POSTO DE BOMBEIRO. VIMOS TAMBÉM RÉS CEMITERIOS PELO CAMINHO.

QUANDO CHEGAMOS NO PREDIO DO CONSULTORIO DA ÔNIA, ESPERAMOS O ELEVADOR, PROCURAMOS NO QUA-RO ONDE TINHA O NOME DE TODOS OS MÉDICOS O NOME ELA, E DESCOBRIMOS QUE O CONSULTORIO FICAVA NO 5° ANDAR

A PRIMEIRA COISA QUE NÓS FIZEMOS LÁ FOI ENTAR NA "CADEIRA DE DENTISTA". CADA UM TEVE A JA VEZ CADA UM FAZIA SUAS PERGUNTAS SOBRE OS ENTES PARA A SONIA, E ELA IA MOSTRANDO PARA IDA UM ONDE FICAVA CADA DENTE D'AGENTE.

QUAL QUE AINDA IA CAIR E O
QUE JÁ ESTAVA QUASE NASCEND
DEPOIS QUE TODO MUNDO
SENTOU NA CADEIRA SONIA
PEGOU UMA DENTADURA DE GESSO
E PEDIU PARA CADA UM ESCOVAR
OS DENTES DA DENTADURA.

DEPOIS ELA DEU UMA PASTILHA VERMELHA PARA CADA
UM MASTIGAR SEM ENGOLIR... NOSSA BOCA FICOU
— INTEIRINHA, BEM VERMELHA PARECENDO BATOM E
SANGUE. ENTÃO ELA DEU DE PRESENTE UMA ESCO
VA PRA NÓS E CADA UM FOI ESCOVANDO OS DENTES
COMO ELA ENSINOU: A ESCOVA VAI VARRENDO
IGUAL VASSOURA OS DENTES, DE CIMA PARA BAIXO
E DE BAIXO PARA CIMA.
QUANDO ACABAMOS DE ESCOVAR OS
DENTES NÓS MOSTRAMOS NOSSO LIVRO (ESSE MESM
PARA SÒNIA, E DEMOS NOSSO RELATÓRIO DE
PRESENTE PARA ELA.
ACAUÃ PROMETEU QUE IA LEVAR UM PÃO QUE O
GOGUI FÁZ, DE PRESENTE PARA SONIA.

NÓS GOSTAMOS MUITO DE IR CONVERSAR
COM A SONIA PORQUE NÓS APRENDEMOS COMO
QUE ESCOVA O DENTE, QUE AINDA VAI CAIR UM
MONTÃO DE DENTE...

FIM.

7 de maio de 1981

"FILME DOS ANIMAIS".

A MÃE DA TULA TROUXE O AMIGO DELA, O DAN PARA PASSAR PARA NÓS UNS FILMES DE BICHOS. TEVE 5 FILMES. UM DE BARATA, UM DE PINTINHO, UM DE MINHOCA, UM DE PLANTA CARNÍVORA E UM DE BORBOLETA.

TEVE MUITA COISA QUE A GENTE JÁ SABIA E OUTRAS QUE NÓS DESCOBRIMOS. NÓS NÃO SABÍAMOS QUE A BARATA MUDAVA DE CASCA COMO A COBRA E QUE ELA BOTAVA OS OVOS TUDO JUNTINHO COMO NUM CASULO.

NÓS VIMOS TAMBÉM QUAL A DIFERENÇA DA BARATA MACHO PARA A FÊMEA. A FÊMEA TEM UMAS ASAS GRANDES PARA PODER FICAR BATENDO E SOLTANDO UM CHEIRINHO PARA O MACHO VIR ATRÁS DELA. NÓS VIMOS TAMBÉM A MINHOCA, MACHO E FÊMEA CRUZANDO.

O DAN É MUITO LEGAL SÓ QUE ELE CHAMA A MADALENA DE TIA! E POR ACASO MADALENA É NOSSA TIA? ELA É IRMÃ DA MÃE D'AGENTE?

FIM.

8 de maio de 1981

`A CASA DA MADÁ`.

HOJE NÓS FOMOS NA CASA DA MADÁ.
FOI O MESMO CAMINHO D. CASA DA AVANA.
NÓS PASSAMOS PELO QUITANDEIRO E LEVAMOS PRESENTE PARÁ ELE. DESCOBRIMOS QUAL O NOME DELE: JOSE LUÍS. ELE FICOU MUITO CONTENTE COM OS PRESENTES, E DEU OUTRA VEZ MAIS BANANAS DE PRESENTE, DE GRAÇ PARA NÓS!... NUNCA QUE VAI ACABAR! ELE DÁ PRESENTE DE BANANA, A GENTE DÁ UM PRESENTE DE VOLTA, ELE DÁ MAIS BANANA...
QUANDO CHEGAMOS NA CASA DA MADÁ, TINHA UM LANCHE MUITO GOSTOSO! QUE A FÊZ, FANTA, BOLO, GELATINA E SORVETE!
NÓS FOMOS E VOLTAMOS A PÉ! NA CASA DA MADÁ NÓS BRINCAMOS COM A BICICLETA E DE UMA BRINCADEIRA DE BARCO QUE AFUNDO E TODO MUNDO SAIA NADANDO.

FOI MUITO GOSTOSO IR NA CASA DA MADÁ.
NÓS ACHAMOS UMA BARATA VIVA LÁ E VAMOS CRIAR.

FIM.

13 de maio de 1981.

"A CADEIRA VERMELHA DO PRÉ".

NÓS FOMOS NA CASA DA EMILIA PARA O PAI DELA - O URACI - ENSINAR COMO FÁZ UMA CADEIRA DE BALANÇO.
O CAMINHO DA CASA DA EMILIA TINHA UMA LADEIRONA BEM GRANDE. NÓS VIMOS UMA LOJA DE CONSERTAR TELEVISÃO, UM SAPATEIRO — O NOME DA OÇA QUE ATENDE AS PESSOAS É TEREZINHA E O NOME DO SAPATEIRO, É DANIEL, TINHA UMA LOJA DE FERRAGENS, UMA QUITANDA, UM CABELEREIRO - QUE O NOME DELE É AZEVEDO (E O RÔ FÊZ GRAÇA, BOTANDO OS CABELOS QUE ESTAVA CORTADO EM CIMA DA CABEÇA DELE...) UMA PADARIA, UM JORNALEIRO NA PAPELARIA,
NÓS FICAMOS, TODO MUNDO, VENDO O URACI TRABALHAR A MESA DE MARCENÁRIA QUE ELE TEM. QUANDO FOI LIGAR A SERRA CIRCULAR, NÓS FICAMOS, ASSISTINDO NA ESCADA, PORQUE A SERRA É MUITO PERIGOSA.
DEPOIS NÓS FOMOS LANCHAR — UM LANCHE MUITO GOS-

TOBO — BOLO. PIPOCA, COCA-COLA E GELATINA.
O JOÃO INVENTOU DE COMER GELATINA COM PIPO-
CA!
DEPOIS DO LANCHE, NÓS BRINCAMOS UM POUCO E
DEPOIS FOMOS LICHAR AS PARTES DA CADEIRA, QUE
URACI JÁ TINHA SERRADO. O JOÃO AJUDOU BAS-
TANTE E TAMARA QUERIA FAZER UM CAIXOTE PARA
PLANTAR AS BEMENTES QUE MADALENA MANDOU PA
ELA.
QUANDO A CADEIRA FICOU PRONTA, NÓS GANHA-
MOS UNS PEDAÇOS DE MADEIRA QUE URACI
DEU. DEMOS TCHAU PARA URACI E VOLTA-
MOS A PÉ, OUTRA VEZ !...
NA IDA A MARIA E A ROSALIA VEIO PAR
AJUDAR E NA VOLTA FOI REJINA — A MÃE
DA EMILIA QUE VEIO JUNTO COM A ROSALIA

NO CAMINHO NÓS ENCONTRAMOS COM O PAI
DO JOÃO. O ACAUÃ QUERIA VOLTAR DE
MOTO, MAS MADALENA NÃO DEIXOU.

TAMBÉM ENCONTRAMOS NO CAMINHO UM MENINO E
UMA MENINA (QUE ERAM PRETOS) E O NOME DE-
LES ERA JOSÉ CARLOS E LUZIA.
MADALENA FICOU BRAVA PORQUE NÓS CHAMAMOS
ELES DE 'MOLEQUE'! ELA FALOU QUE ELES TINHA
NOME E POR ISSO NÓS FOMOS PERGUNTAR O NOM
DELES.

NÓS GOSTAMOS MUITO DE IR NA CASA DA
EMILIA!
* ESQUECEMOS DE FALAR QUE INVENTAMOS UM
QUEBRA-CABEÇA, LÁ TAMBEM,

FIM,

15 de março de 1981.

"FOTOGRAFÍA DE SALA."

O TUCHA VEIO TIRAR FOTOGRAFIAS
A NOSSA SALA HOJE. E DE NÓS
TAMBÉM.
ELE TROUXE MUITAS LUZES PARA
ILUMINAR A SALA; PORQUE SENÃO
A FOTO NÃO SAI CLARA, ESCURECE
E NÃO TIVER LUZ.
O MELHOR MESMO É QUANDO TEM MUITO
SOL.
O TUCHA EXPLICOU QUE O FILME
É FEITO DE UM TIPO DE GELATINA.

FIM.

16 de maio de 1981.

"O VULCÃO"

ACAUÃ TROUXE UM LIVRO DE VULCÃO PARA CLASS...
DEPOIS JOÃO ESTAVA FAZENDO UM VULCÃO NA AREIA.
DEPOIS O MAURICIO VEIO AJUDAR E O ROGÉRIO VEIO
TAMBÉM.
MADALENA VEIO E FALOU: —QUE TAL POR FOG...
NESSE VULCÃO? E VEIO TODO MUNDO VER O FO...
AFASTADO DO FOGO. E O VULCÃO DEPOIS VIROU
UMA FOGUEIRA.
DEPOIS JOGAMOS AREIA PARA APAGAR O FOG...

MADALENA FALOU: — VAMOS FAZER UM VULCÃO DE BARRO?

TODOS OS HOMENS DO PRÉ QUIZ FAZER O VULCÃO, PEGARAM PREGO E COMEÇARAM A FAZER BURACO O VULCÃO. NA HORA DA SAÍDA, QUANDO SÓ O ROGÉRIO E O JOÃO FICARAM, O JOÃO APROVEITOU OS OUTROS PEDAÇOS DE BARRO. ELE FOI ENROLAN DO O BARRO E FAZENDO AS LARVAS. DEPOIS QUANDO SÓ O ROGÉRIO E O ERNESTINHO FICOU, RO- GÉRIO APROVEITOU ALGUNS PREGOS JOGADOS NO CHÃO E FEZ UMAS ÁRVORES.

QUANDO SECOU O VULCÃO, FOMOS PINTAR, PINTA MOS AS LARVAS

O DANI DISSE PARA PINTAR O VULCÃO PRIMEI- RO, ROGÉRIO NEM LIGOU FICOU PINTANDO AS ÁRVAS.

QUANDO A TINTA SECOU, MADALENA, ANTES DO LANCHE, FALOU QUE NÓS IAMOS ~~COMEÇARIAMOS~~ POR FOGO NO VULCÃO. E DEPOIS NÓS COME- MOS GELATINA FRIA, PERTO DO FOGO DO VULCÃO PARA COMEMORAR

FIM,

São Paulo   de maio de 1981.

"NOSSO JORNAL" "EXTRA, EXTRA"!

PRÉ

PRÉ

UM JORNAL

O ROGÉRIO, UM DIA TROUXE UM JORNAL QUE
ELE MESMO TINHA INVENTADO.
Ú NOME DO JORNAL ERA "PÁSCO.
ELE CONTAVA ALGUMAS NOTÍCIAS.
POR CAUSA DO JORNAL DO RÔ, NÓS
TIVEMOS A IDEÍA DE FAZER UM
JORNAL DO PRÉ, CONTANDO NOSSA
NOTÍCIAS.
CADA UM FEZ SUA NOTÍCIA, CONTANDO
O QUE QUERIA.
DEPOIS QUE FICOU PRONTO NÓS LEVAMO
PARA O PAI E A MÃE.

FIM

São Paulo 3 de junho de 1981.

O TEATRO : "O ZORRO".
        "O VIVA O GORDO: BOA FRANCINEIDE"
        "O REIZINHO, O GELEIA, MADALENA."
        "O GUARDA ESPACIAL."

HOJE   TEVE   UM TEATRO   MUITO GOZADO NA
NOSSA   CLASSE!
CURLA NÓS FIZEMOS   UM TEATRO DE VIVA O
GORDO.   ROGÉRIO   FOI   O PERSONAGEM QUE
TELEFONA   PARA MADALENA.   DANI FOI O
REIZINHO, JUJA FOI A BOA FRANCINEIDE.
OS GUARDAS ESPACIAIS   FORAM O MAU O ACAUÃ,
JOÃO E UDICO.
FOI MUITO BACANA NOSSO TEATRO MAS FALTOU
CORTINA ...,

            FIM.

São Paulo 4 de junho

"PALAVRAS MUITAS PALAVRAS".
"E NOSSO JOGRAL.

PEDRO
PEREIRA
PINTO
POBRE
PINTOR
PORTUGUÊS
PINTAVA
PORTAS
PAREDES
PONTES
PAINÉIS
COM SEUS PINCÉIS...

O TEMPO PERGUNTOU AO TEMPO
QUANTO TEMPO O TEMPO TEM.
O TEMPO RESPONDEU AO TEMPO
QUE O TEMPO TEM TANTO TEMPO
QUANTO TEMPO
O TEMPO
TEM.

O QUE É
O QUE É
COMEÇA COM O
ACABA COM É
É A VOZ DO PATO
QUÉ-RE-QUÉ-QUÉ...

I

O RATO

ROEU

A RODA

DO CARRO

DO REI

DA RUSSIA

II

O RATO

ROEU

A ROUPA E

A RODA

DO CARRO

DO REI

DA RUSSIA.

VADICO TROUXE ESSE LIVRO, ONDE TINHA TODOS ESSES VERSOS. COMEÇAMOS A DECORAR, DECORAR...E ENTÃO MADALENA CONTOU QUE TEM UM GEITO DE LER VERSOS, TODO MUNDO JUNTO CHAMADO JOGRAL, E ASSIM NÓS NYENTAMOS "NOSSO JOGRAL!

FIM.

6 - junho.

HOJÉ NÓS GRAVAMOS "NOSSO JOGRAL". FICOU LEGAL.

FIM

São Paulo 5 de junho.

"A ARCA DE NOÉ" É NOSSO CORAL.

O ROGÉRIO TROUXE UM LIVRO CHAMADO "A ARCA DE NOÉ". O AUTOR É: VINICIUS DEMORAES. ELE JÁ MORREU.

NÓS JÁ SABÍAMOS ~~como~~ MUITAS MÚSICAS DO DISCO "A ARCA DE NOÉ" E ENTÃO JÁ QUE ROGÉRIO TROUXE O LIVRO COM OS VERSOS ESCRITOS, NÓS COMEÇAMOS A CANTAR AS MÚSICAS,

COMBINAMOS DE CANTAR TODOS OS DIAS — TRÊS VEZES — NA RODA.

NÓS ESTAMOS ENSAIANDO SEMPRE.
ESSE GEITO DE CANTAR, TODO MUNDO JUNTO CHAMA-SE CORAL.

FIM.

16 de junho,

HOJÉ NÓS GRAVAMOS 'NOSSO CORAL'.
FICOU MUITO BONITO,

FIM.

São Paulo   23 de junho.

"O PLANETÁRIO"

NÓS FOMOS AO PLANETÁRIO PORQUE ESTAMOS ESTUDANDO
PLANETAS, SOL, LUA E ESTRELAS,
TIVEMOS QUE TROCAR NOSSO HORÁRIO DA ESCOLA, EM
VÊZ DE VIRMOS A TARDE VIEMOS PELA MANHÃ,
CHEGAMOS BEM CEDINHO E FOMOS DE PERUA.
O PLANETÁRIO É MUITO BONITO. PARECE QUE
A GENTE ESTA SOLTO NO CÉU FAZENDO UMA VIA-
GEM. E NÓS FIZEMOS MESMO. CLARO QUE FOI DE
BRINCADEIRA!... PARA O POLO NORTE!
NÓS VIMOS JÚPITER, SATURNO. E MUITAS ESTRELAS COM
UNS NOMES MUITO DIFICIL. DESCOBRIMOS QUE JÚPITER
NÃO TEM SÓ 12 SATÉLITES, ELE TEM 14 SATÉLITES!
                    FIM.

20 de agosto de 1981

A FUGA DA LILI

HOJÉ QUANDO CHEGAMOS NA CLASSE VADICO NOTOU
QUE A LILI TINHA FUGIDO.
VADICO FOI AVISAR PARA TODO MUNDO. FICAMOS MUITO TRIS
RECONHECEMOS QUE FOI A LILI QUE FUGIU E NÃO
MIMI PORQUE A LILI TINHA UM ANEL NO PÉ

AGORA O MIMI FICOU SOZINHO.

FIM

P-S DESCOBRIMOS QUE FOI O GATO DO
VIZINHO QUE ASSUSTOU A LILI...

18 de agosto de 1981.

CACHIMBO DA PÁZ.

UM DIA O JOÃO TROUXE PARA A CLASSE UMA XÍCARA DE CHÁ. TODO MUNDO ENTÃO FICOU PEDINDO UM GOLE E MADALENA TEVE UMA IDÉIA D'AGENTE TODO DIA – FAZERMOS COMO OS ÍNDIOS, QUE FUMAM O CACHIMBO DA PAZ, COM OS AMIGOS ~~FAZER~~ BEBERMOS O CHÁ, TODOS NÓS, AMIGOS JUNTOS ANTES DE COMEÇARMOS A RODA,

E DESDE ESSE DIA, NÓS NUMCA MAIS NOS ESQUECEMOS DE TODO O DIA TRAZERMOS O CACHIMBO DA PÁZ PARA A RODA,

FIM.

Descobrindo e aprendendo

Existe um modelo educacional que acredita na "aprendizagem pela descoberta", ou seja, no conhecimento como algo a ser construído, conquistado, e não doado ou transmitido. E este é o princípio que segue a Escola da Vila — Pré-Escola e Centro de Estudos —, que aceita crianças de dois a seis anos. Tem cinco classes, para as várias faixas etárias. Realiza um trabalho especial, procurando desenvolver toda a capacidade do aluno. Preocupa-se com sua autonomia, sociabilização e criatividade. Acredita, também, que educar é oferecer condições para que as crianças sejam pessoas originais, capazes de questionar a realidade e de transformá-la, tornando-se elementos produtivos do grupo social. Dá ênfase ao trabalho criativo não só dos alunos como também dos professores.

TUDO É

~~O princípio básico de que só a motivação pode levar a criança a aprender é alma da descoberta e do, que tudo é~~ trabalho — até brincar. Assim, os professores atuam a partir do centro de interesse infantil. Eles animam, organizam e enriquecem as atividades, imprimindo suas características pessoais em cada turma e dando condições para que os pequenos se manifestem espontaneamente. Acreditam que a criança não precisa de pressões ou de estímulos externos artificiais para se desenvolver bem.

. Há uma preocupação global com o desenvolvimento dos alunos. Não se trabalha, nessa escola, em áreas separadas: as atividades são integradas. E os professores — que têm ampla formação em educação e arte — encarregam-se de todas elas (música, linguagem, etc.). Eles são nove e não há hierarquia. Todos têm as mesmas funções, responsabilidades, grau de formação e autonomia. A cada ano um é eleito para a administração.

Apesar da rotina, nessa escola, não ser rígida, damos aqui uma idéia do trabalho desenvolvido num dia. As crianças chegam e têm meia hora de atividade livre, na área externa. Depois vão para a classe, onde fazem a "roda": sentam-se no chão e cada uma apresenta um elemento levado de casa — um inseto, um recorte de jornal, um brinquedo, um fato ou qualquer coisa interessante. O professor contribui culturalmente, questionando e conversando. Essa atividade permite tudo: diálogos, danças, cantos, representações, jogos, etc. Pode durar de dez minutos a uma hora, dependendo do grau de motivação.

A seguir vem um trabalho que varia diariamente. Às vezes, é feito a partir de propostas lançadas na "roda"; em outros casos é dada uma atividade tradicional, como o ateliê, realizada na própria classe. Os pequenos criam obras com argila, papel, tintas, recortes, marcenaria, carvão, tijolo, etc.

Como a escola acredita que o desenho é importantíssimo para o desenvolvimento motor, o enriquecimento pessoal, a abertura da mente e a criatividade, ele é incluído no programa de todos os dias. E, após as atividades em classe, as crianças ficam cerca de uma hora e meia no parque. Todas as turmas e seus professores se reúnem e brincam em conjunto, sem separação por idade — o que favorece o desenvolvimento da sociabilização (apenas os de dois anos freqüentam o local em horário diferente, no primeiro semestre). Durante esse período em que brincam, durante cerca de duas horas, as crianças tomam lanche e também podem ocupar a parte interna da escola. Ouvem música, vêem revistas, participam de jogos, etc. Na área externa há areia, árvores, brinquedos, pneus. Depois, segue-se uma nova atividade em classe, decorrente da observação do interesse, feita pelo professor na meia hora que iniciou o dia.

Não existe uma preocupação especial com a preparação para a alfabetização. O tipo de atividade realizada nos primeiros quatro anos tem sido suficiente para que as crianças cheguem ao pré em condições de se alfabetizar. O processo de aprender a ler e escrever não difere das outras atividades: também parte do interesse do grupo de alunos. E tudo é feito através de situações de descoberta, desde a escolha das palavras.

A Escola da Vila dá tanta ênfase ao centro de interesse infantil que não perde de oportunidade de expandi-lo. Por exemplo, se os alunos querem informações sobre cobras, o professor leva-os ao Butantã, onde um técnico dá as explicações que desejam. Certa vez, mostraram vontade de conhecer o corpo de uma pomba por dentro. Um patologista foi lá especialmente para isso — dissecou a ave diante das crianças e deu-lhes todas as informações. Um dos alunos era seu filho. É comum os pais participarem dos trabalhos, como aconteceu, também, com um biólogo cujo filho estuda lá. Foi à escola para ensinar como se faz pão, qual é o processo de fermentação, etc.

Apesar de a escola nortear-se por uma proposta antiautoritária, isto não significa que não tenha muita organização e planejamento. Ao contrário, acredita que só com uma estrutura, funções e papéis bem definidos, além de uma organização normativa e um espaço adequado, é que o aluno pode produzir e criar. O que propõe é que os limites se adaptem às necessidades das crianças e não à comodidade dos adultos.

O horário é o da tarde: das 13h30 às 17h30. Paga-se, pelo semestre, 6 parcelas de Cr$ 9.054,00. À noite, funciona o Centro de Estudos, com seminários, encontros, diálogos entre educadores, além de cursos de formação. É aberto aos educadores de todos os níveis. Uma vez por mês, aos sábados, há a apresentação de um trabalho individual, com discussão em grupo. O endereço é rua Morato Coelho, 1.424. Telefone: 210-6085. As matrículas para o próximo ano já se encontram abertas.

SÃO PAULO
24 de agosto de 198

NÓS DESCOBRIMOS QUE SAÍMOS NO JORNAL!
TODO MUNDO FEZ AQUELA GRITARIA QUANDO VIU O JORNAL.

OS MENINOS FICARAM CHATEADOS PORQUE SÓ SAIU O VADICO NA FOTOGAFIA.

FIM

São Paulo 8 de setembro de 1981

"A MORTE DE FELIPE E FELIPA."

HOJÉ FOI UM DIA MUITO TRISTE. FELIPE E FELIPA MORRERAM. NÓS CHEGAMOS A CONCLUSÃO DE QUE OS DOIS MORRERAM DE FOME E SEDE.
ISSO PORQUE O FERIADO FOI MUITO GRANDE E COMIDA QUE NÓS DEIXAMOS FOI POUCA. A ÁGUA TAMBÉM ESTAVA MUITO SUJA.
NÓS TIVEMOS UMA REUNIÃO PARA COMBINARMOS TODOS OS CUIDADOS QUE NÓS TEMOS QUE TER COM NOSSOS PASSARINHOS;
_ TODO FIM DE SEMANA UM DE NÓS LEVA OS PASSARINHOS PARA CASA. FAREMOS UM SORTEIO.
_ TODO MUNDO VAI AJUDAR A VER SE TEM SEMPRE COMIDA PARA OS PASSARINHOS.

MADALENA FICOU MUITO TRISTE PORQUE SE ELA TIVESSE LEVADO ELES PARA A CASA DELA, ISSO NÃO TINHA ACONTECIDO.

ISSO É VERDADE !!!!"

FIM.

São Paulo 9 de setembro de 1981.

"LOURO E LOURA."

" JÁ QUE NOSSOS PIRIQUITOS MORRERAN ONTÉM A
MADÁ HOJE, TROUXE OUTRO CASAL DE PIRIQUITOS.
ELES NÃO SÃO DA MESMA COR QUE FELIPE E FE
LIPE ERAM. E AGORA OS DOIS SÃO DA
MESMA COR: VERDE CLARO COM RISCAS PRETAS.
O MACHO TEM A CABEÇA AMARELA, A FÊMEA
TEM CABEÇA RISCADA DE PRETO. E AMARE
LO.

FOI MUITO BOM QUE A MADALENA TROUXE
LOGO OUTROS PIRIQUITOS, PORQUE ASSIM
NEM DEU PARA A GENTE TER MUITA SAUDADO
DE FELIPE E FELIPA... "

FIM

São Paulo 11 de setembro de 1981.

"A FUGA DO MIMI"

QUANDO NÓS CHEGAMOS HOJE, A GAIOLA DO MIMI ESTAVA CAÍADA NO CHÃO, ABERTA. A GAIOLA TINHA UM ARAME ABERTO.

CIDA FALOU QUE A JANELA DORMIU ABERTA, NÓS ACHAMOS QUE ENTROU UM GATO E ASSUSTOU O MIMI E ÊLE, ~~DAÍ~~ FUGIU.

TAMBÉM PODE SER QUE ~~MIMI~~ O GATO TENHA COMIDO O MIMI.

NÓS FICAMOS MUITO CHATEADOS, E ESTAMOS PENSANDO EM TROCAR DE BICHOS.

FIM

São Paulo   de setembro de 1981.

"CACIQUE JURUNA"

TIVEMOS UMA VISITA MUITO ESPECIAL NESSE DIA. SABE QUEM FOI? FOI O MARCOS, UM ÍNDIO. ELE VEIO TAMBÉM COM UMA MOÇA CHAMADA LUCIA, QUE NOS MOSTROU SLIDES SOBRE OS ÍNDIOS.

MARCOS CON_ COISAS DOS NÓS NÃO DESCOBRIMOS FUMA O DA PAZ, É QUE E O

TOU MUITAS ÍNDIOS QU SABIAMOS. QUE QUE CACHIMBO SÓ O CACI PAJÉ..

MAS AQUI NA CLASSE QUEM É O CACIQUE É A MADALENA, E NÓS SOMOS OS PAJÉS...

MARCOS TAMBÉM CONTOU QUE OS ÍNDIOS NÃO PRENDEM OS PASSARINHOS EM GAIOLAS... ELES FICAM SOLTOS NA FLORESTA.

FIM,

São Paulo 30 de setembro de 1981

A LOURA VAI POR OVO?

NÃO, NAO SABEMOS. ATÉ AGORA NADA.
NÓS ACHAMOS QUE NÃO ESTA NO TEMPO, AINDA.
QUANDO ELA POR NOS VAMOS ESCREVER
CONTANDO.

FIM.

São Paulo   agosto de 1981

JONATHAN E MARCELO.

VISITAS QUE JÁ TIVEMOS DE IRMÃOS!
JONATHAM E MARCELO.
O JÔ, É O IRMÃO DO ACAUÃ, E MARCELO
É IRMÃO DO ROGÉRIO.
JONATHAM FOI O PRIMEIRO QUE VEIO
ELE TROUXE O BICHO-PAU DE PRESENTE,
E TAMBEM UMA CAIXA CHEIA DE OUTROS
BICHOS.
MARCELO VEIO PARA NOS CONTAR COM
ERA A ESCOLA DA U.S.P.

NÓS JOGAMOS FUTEBOL E DE SUPER-HEROI,
FOI LEGAL.

FIM.

São Paulo   outubro de 1981.

Visita da mariana

VISITA DA MARIANA.

MARIANA, A FILHA DA
ROSA, VEIO HOJÉ NOS
VISITAR.
ELA VEIO TAMBÉM NOS
ENSINAR COMO SE
FAZ UMA FLAUTA DE
BARRO.
SÓ QUE NÓS PENSAVA-
MOS QUE DAVA PARA
TOCAR, MAS NAO DA.
É ASSIM QUE SE FAZ:
PEGA-SE UM PEDAÇO DE BARRO, BATE BEM
E DEPOIS ENRROLA-SE NO PINCEL. FAZ-SE OS
FUROS E ~~ESPERA~~ DEPOIS TIRA-SE DO PINCEL.

MARIANA TAMBÉM TROCOU PAPEL DE CARTA
COM A GENTE.

FIM .

———

São Paulo 10 de novembro de 1981.

A BRIGA DO JOÃO
E
DA TULA

HOJE TEVE UMA BRIGA NA CLASSE.
A BRIGA FOI DA TULA COM O JOÃO.
O JOÃO IA VOLTANDO DO PARQUE
E A TULA AVANÇOU NELE. PUXANDO O
CABELO, DANDO TAPA, CHINGANDO...
NINGUÉM ENTENDEU NADA!
SÓ MADALENA QUE ENTENDEU, E
EXPLICOU PARA O JOÃO, O QUE É QUE
A TULA TINHA — NO OUVIDO DELE...
PARECE QUE ELA ESTAVA CHATEADA
E TRISTE. MAS O JOÃO NÃO TEVE
CULPA DE NADA.

FIM.

São Paulo novembro de 1981.

VISITA AO "TRABALHO DO PAI
E DA MÃE" "CENTRO DE SAÚDE"

"A MÃE DA MADÁ, O PAI DO ROGÉRIO
O PAI DA EMILIA, E O PAI DO VADICO
TRABALHAM TODOS, NUM MESMO LUGAR,
CHAMADO: "CENTRO DE SAÚDE."
A MÃE DA MADÁ É ENFERMEIRA – CHE-
FE DAS ENFERMEIRAS – E OS OUTROS PAIS
SÃO MÉDICOS.
FOI MUITO LEGAL ESSA VISITA
PORQUE NÓS ESCUTAMOS NOSSO CORA-
ÇÃO, VISITAMOS AS SALAS QUE OS MÉ-
DICOS ATENDEM OS DOENTES,
TAMBEM VIMOS A SALA ONDE AS CRI-
ANÇAS TOMAM VACINAS. ESSA PARTE FOI
MUITO CHATA...
NO FIM ERANDI COMPROU DROPS E
CHOCOLATE PARA NÓS.

FIM.

são Paulo outubro de 1981.

"VISITA DO PIANO"
"VISITA AO ZÉ MIGUEL PAI DO DANI

TODO MUNDO ADOROU IR CANTAR COM
O PAI DO DANI! NÓS CANTAMOS A MÚSICA DO
"ABC", E, ELE IA ACOMPANHANDO NO PIANO.
NINGUÉM TINHA O NOME COM A LETRA
Z. AGORA NÓS DESCOBRIMOS QUE
ZÉ MIGUEL, É COM Z...

NÓS LANCHAMOS UM LANCHE BEM
GOSTOSO; CONHECEMOS A MARINA, A
IRMÃ DO DANI. COMEMOS AMORA NO
PÉ DE AMORA, JÓGAMOS BOLA, VIMOS O
QUARTO DO DANI E DEPOIS VOLTAMOS
PARA A ESCOLA.

FIM

São Paulo novembro de 1981

"VISITA AO TRABALHO DO PAI E DA MÃE DA TAMARA E DA MÃE DO DANI."

"TODO MUNDO FOI VISITAR O TRABALHO DA MÃE DO DANI, DO PAI E DA MÃE DA TAMARA. PRIMEIRO NÓS BRINCAMOS NO SALÃO QUE TINHA UMA CASINHA E UMAS CORDAS PARA SE BALANÇAR. DEPOIS NÓS CONVERSAMOS COM LÚCIA E EVA. ELAS CONTARAM ESTÓRIAS PARA NÓS. A MÃE DO DANI CONTOU A ESTÓRIA DO "POBRE ADALTO" E A MÃE DA TAMARA, E ESTORIA DE UMA MENINA CHAMADA "NINGUÉM". TEVE UM LANCHE SUPER GOSTOSO COM COXINHA, SANDUICHE DE PATÉ, COCA-COCA E UM DELICIOSO PAVÉ! NO FIM VIMOS AS SALAS ONDE A LÚCIA E A EVA TRABALHAM. DEMOS ADEUS PARA O PAI DA TAMARA E VOLTAMOS PARA A ESCOLA DA VILA."

FIM

São Paulo novembro de 1981.

"VISITA DO RENATO PAI DA MADÁ."

"RENATO VEIO AQUI NA ESCOLA. TIRAR UMAS FOTOS DO PRÉ. DE TOOO MUNDO DO PRÉ! DOS BICHOS TAMBÉM!

ELE FICOU QUASE A TARDE TODA COM A GENTE. EXPLICOU COMO FUNCIONAVA A MÁQUINA E UMA LUZ CHAMADA FLASH.

SERÁ QUE AS FOTOS VÃO SAIR BONITAS?

MADALENA ACHA QUE SIM.

FIM.

São Paulo novembro de 1981.

VISITA AO TRABALHO DO PAI E DA
MÃE DO ACAUÃ: LABORATÓRIO DA
BIO-QUIMICA DA USP

NÓS FOMOS VISITAR O TRABALHO DO PAI E
A MÃE DO ACAUÃ, NO LABORATORIO DE
BIOQUIMICA DA USP. FOI MUITO LEGAL!
NÓS VIMOS MUITAS MÁQUINAS.
TEVE GENTE QUE GOSTOU MAIS DO MICROSCÓ-
IO, TEVE GENTE QUE GOSTOU MAIS DA LUPA,
EVE GENTE QUE GOSTOU MAIS DO MISTURA-
OR, TEVE GENTE QUE GOSTOU MAIS DA GELA-
EIRA – SUPER GELADA – TEVE GENTE QUE
STOU MAIS DA SALA GELADA, TEVE GENTE
UE GOSTOU MAIS DA SALA QUENTE.
NÓS TOMAMOS CAFÉ COM BISCOITO E CHOCO
ATE "BIS" E NÃO ESQUECEMOS DE TRAZER
LANCHE DO ROGÉRIO E DO JOÃO.
NÓS FOMOS E VOLTAMOS NA "BURRECA
ELHA" DA MADALENA.
FIM

São Paulo dezembro.

VISITA AO TRABALHO DO PAI DA AVANA.

A ESCOLA FOI DE MANHÃ. MUDAMOS O HORÁRIO
PORQUE O PAI DA AVANA — O TENORIO. SÓ PODIA DE
MANHÃ.

FOI MUITO APRESSADA A VISITA MAS FOI LE-
GAL. NÓS CONVERSAMOS NA SALA DO TÉNOR
QUE TINHA UMA CAMA !

TAMBÉM VIMOS AS OUTRAS SALAS
NINGUÉM CONHECIA UMA GOIABEIRA ! AGOR
FICAMOS CONHECENDO...

TEVE UM LANCHE GOSTOSO COM COCA-
COLA.

QUANDO VOLTAMOS PARA A ESCOLA , NÓS PASSA-
MOS PELO "CRIE".

FIM

São Paulo novembro de 1981

"VISITA AO TRABALHO DA MÃE DA TULA"

A MÃE DA TULA, TRABALHA EM CASA — MAS
Á AULA DE INGLÊS NUMA ESCOLA, TAMBEM —
LA TRABALHA EM CASA, FAZENDO COISAS
OM MISSANGAS. NÓS FOMOS APRENDER
 FAZER PULSEIRAS DE MISSANGA.
NÓS TRABALHAMOS MUITO MAS NÃO SABE-
1OS FAZER A PULSEIRA AINDA. VAMOS
ONTINUAR FAZENDO AQUI NA ESCOLA, ATÉ
PRENDERMOS !
 NA CASA DA TULA TEVE UM LANCHE
1UITO GOSTOSO.

AS MENINAS VIERAM NO JIPE DA
AÊ DA TULA, E OS MENINOS VIERAM
A "BURRECA VELHA" DA MADALENA.

FIM

São Paulo   novembro de 1981.

"VISITA   AO TRABALHO   DA MÃE DA
                            EMILIA."

O TRABALHO   DA MÃE DA EMILIA É BEM
PERTO   DA   ESCOLA.   POR   ISSO QUE
NÓS FOMOS   ANDANDO PELA/RUA...,
FOI MUITO LEGAL.

O PAI D A EMILIA TAMBEM ESTAVA
LA, PORQUE   ELE TAMBEM   TRABALHA
NO MESMO LUGAR.

O PAI E A MÃE DA EMILIA FEZ
UM TEATRO   PARA MOSTRAR COMO ERA
O TRABALHO   DELES.   FOI JÓIA!
O CHATO   FOI QUE ACABOU LOGO.

DEPOIS NÓS   VOLTAMOS   A PÉ PA-
RA   A   ESCOLA .

FIM.

São Paulo   novembro   de 1981

"FILME DA MÃE DA JUJA"
"FILME DA BALEIA."

A RAQUEL, MÃE DA JUJA VEIO PASSAR
M FILME DE BALEIA PARA NÓS, AQUI NA
SCOLA.
  NÓS GOSTAMOS TANTO QUE ELA REPE-
IU O FILME TRES VEZES!
  TAMBÉM LANCHAMOS JUNTOS COM A
AQUEL. ELA TROUXE UM DOCE DE
BANANA COM SUSPIRO MUITO MAIS
MUITO GOSTOSO!   NÓS COMEMOS TUDO.

FIM.

Caderno de Lições

ESCOLA   DA   VILA
DATA 16 DE   FEVEREIRO DE 1981
NOME : _____

NOSSA   HISTÓRIA

NÓS ANDAMOS DE MUITOS JEITOS
NA CLASSE.
NÓS FIZEMOS VÁRIOS DESENHOS
DE CAMINHOS PELO CHÃO.
VAMOS FAZER AGORA NO PAPEL ?

São Paulo, fevereiro de 1981

Nós estamos querendo
fazer nossa toalha
para o lanche.
Combinamos de cada
um trazer amanhã
um retalho — de qual-
quer tipo e tamanho.

abraços de
Todo mundo
do PRÉ.

madalena

EMILIA
MADA
MAURICIO

JOÃO
AVANA
TULA

ACAUÃ
DANI
JUJU
TAMARA
ROGÉRIO

ESCOLA DA VILA

DATA ___ DE FEVEREIRO DE 1981

NOME _____

NOSSA HISTÓRIA

ONTEM NÓS BRINCAMOS DE "CORRE-CORRE COTIA", NUMA RODA BEM GRANDE!

1— SEGUIR O CAMINHO DA LINHA PONTILHADA DA NOSSA RODA. PINTE CADA CAMINHO DE UMA COR.

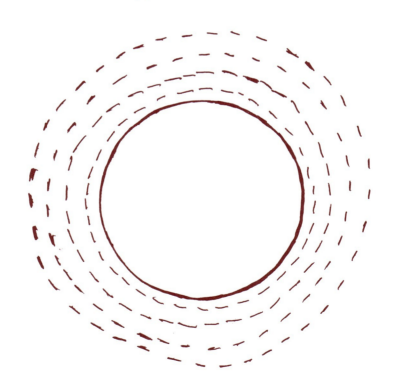

ESCOLA DA VILA

DATA ___ DE FEVEREIRO DE 1981

NOME _____

O QUE PARECE?   O QUE PODE VIRAR?

ESCOLA DA VILA

DATA ___ DE MARÇO DE 1981

NOME _____

"PASSE O LAPIS POR CIMA, E PINTE!"
(ESSA LIÇÃO QUEM INVENTOU FOI O ROGÉRIO)

ESCOLA DA VILA

DATA ___ DE MARÇO DE 1981

NOME _____

ONTEM NÓS TRABALHAMOS COM SEMENTES.

TODO MUNDO INVENTOU UM TIPO DE LIÇÃO.

1- DESENHE OU COLE A MESMA QUANTIDADE QUE ESTÁ MARCADA NO CÍRCULO

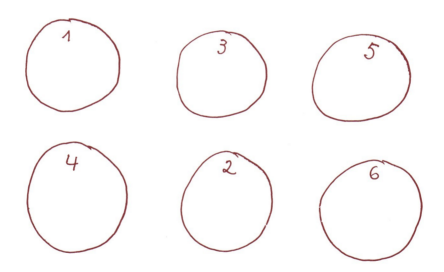

ESCOLA DA VILA

DATA: ____ DE MARÇO DE 1981

NOME: _____

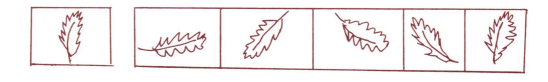

ESCOLA DA VILA
DATA: —— DE MARÇO DE 1981
NOME: _____

QUEM IVENTOU ESSA LIÇÃO FOI
O ROGÉRIO.
"TEM QUE FAZER BOLAS ATÉ LÁ EMBAIXO."

ESCOLA DA VILA

DATA _____ DE MARÇO DE 1981

NOME _____

1 – NÓS ESTAMOS ESTUDANDO ARANHAS. HOJE VIMOS
COMO TECEM SUAS TEIAS.
LIGUE TODOS OS TRAÇOS DESSA TEIA DE
ARANHA.

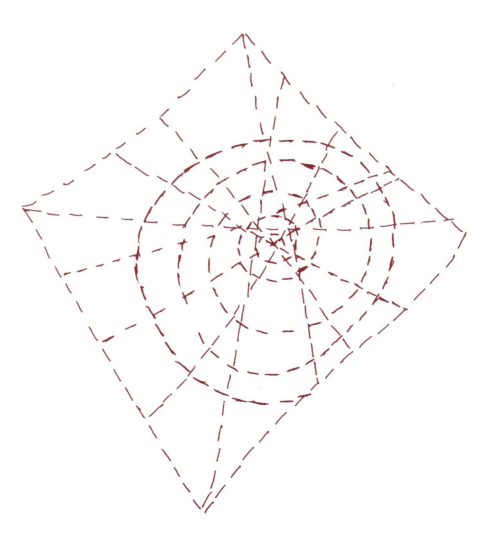

ESCOLA DA VILA

DATA: ___ DE MARÇO DE 1981

NOME ______________________

QUEM INVENTOU ESSA LIÇÃO FOI A TAMARA.
"SIGA O PONTILHADO"!

ESCOLA DA VILA
DATA —— MARÇO DE 1981
NOME: ——————————

VADICO FOI QUEM INVENTOU ESSA LIÇÃO
"SEGUIR O CAMINHO PONTILHADO"

ESCOLA DA VILA
DATA —— MARÇO DE 1981
NOME ————

ONTEM NÓS ANDAMOS PELA CLASSE
SEM PISAR NOS FIOS.
NÓS DESCOBRIMOS MUITAS FORMAS
QUE OS FIOS DESENHAVAM
PINTE A FORMA QUE VOCE
DESCOBRIU.

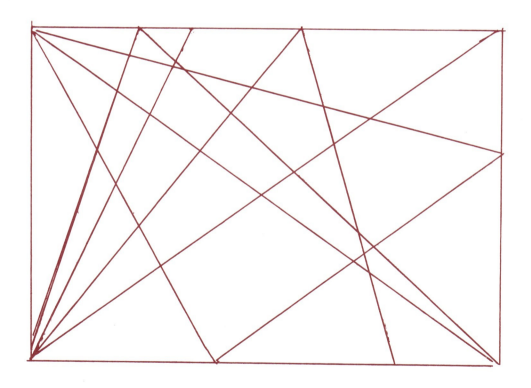

ESCOLA DA VILA

DATA ___ DE MARÇO DE 1981

NOME. _____

NOSSOS . SÍMBOLOS DOS DIAS DA SEMANA:

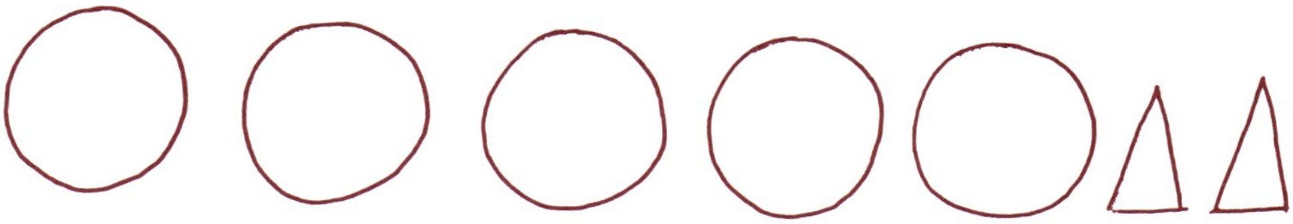

○ ○ ○ ○ ○ △ △

1- COMPLETE O QUE FALTA

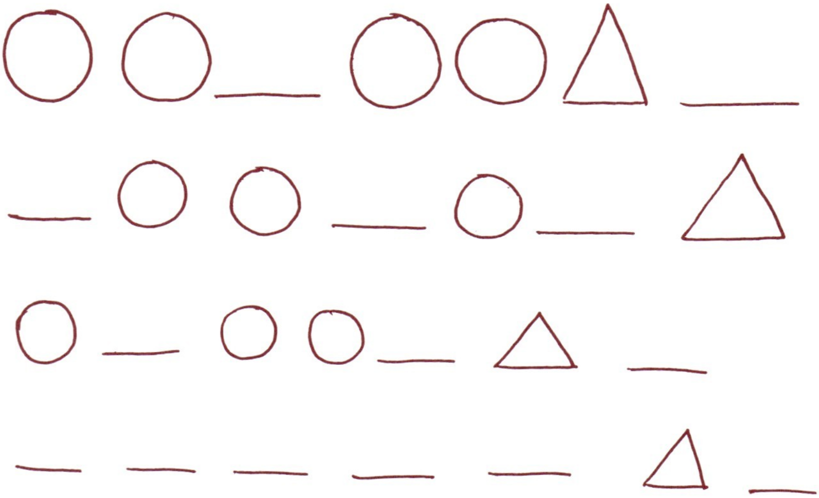

○ ○ ___ ○ ○ △ ___

___ ○ ○ ___ ○ ___ △

○ ___ ○ ○ ___ △ ___

___ ___ ___ ___ ___ △ ___

○ ○ ○ ○ ○ △ △

___ ___ ___ ___ ___ ___

ESCOLA DA VILA
DATA — MARÇO DE 1981

ONTEM MADALENA TROUXE UM
PRESENTE PARA O PRÉ

PIPOCA

ESCOLA DA VILA

DATA ___ MARÇO DE 1981

NOME: _____

NOSSA TATURANA VIROU CASULO!
NOSSO CASULO TEM BORBOLETA!!!

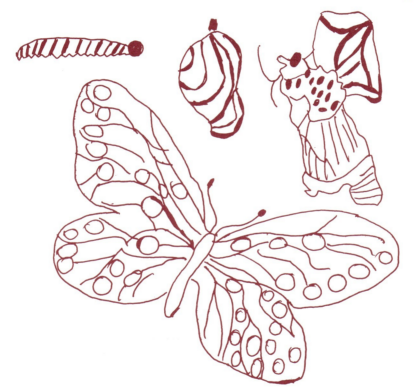

ESCOLA DA VILA

DATA ___ DE MARÇO DE 1981

NOME _____

1 DESENHAR:

OVO →

PIPOCA →

TATU →

ESCOLA DA VILA

DATA —— DE ABRIL DE 1981

NOME ——————————

ESSA LIÇÃO QUEM FEZ FOI A TAMARA

ESCOLA DA VILA

DATA: _____ DE ABRIL DE 1981

NOME: _____

NÓS ONTEM FIZEMOS NOSSA BOLA DE MEIA
TEVE UMA ESTÓRIA MUITO GOZADA! QUE ATÉ
MADALENA CHOROU DE TANTO RIR . . .
PINTE A BOLA E ESCREVA BOLA.

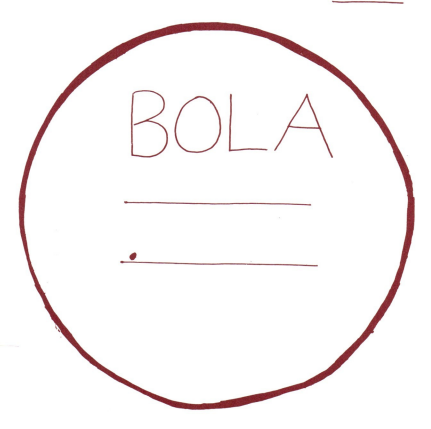

ESCOLA DA VILA

DATA —— DE ABRIL DE 1981

NOME ————

1. MONTE O QUEBRA-CABEÇA DA NOSSA BOLA
E DO NOSSO OVO.

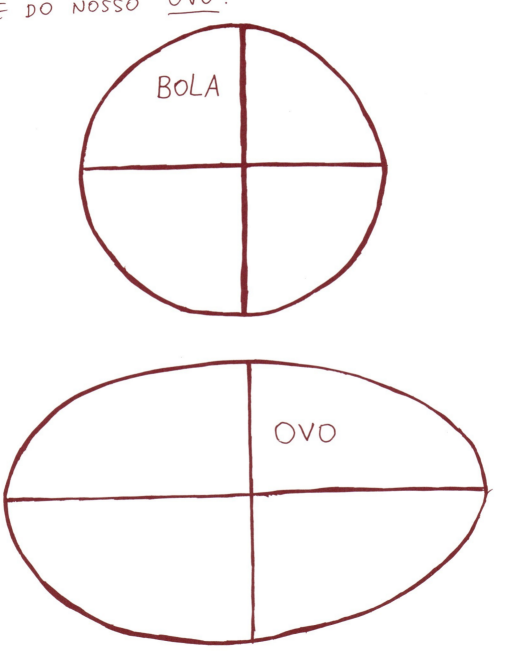

ESCOLA DA VILA

DATA:_____ MARÇO DE 1981

NOME:_____

1-FAÇA OS CAMINHOS

ESCOLA DA VILA

DATA — ABRIL DE 1981

NOME —————

1- MARCAR O (PI)

PIPOCA

TATU

PITUCA

2- MARCAR O (TA)

TATU

CATA

TUCA

3- MARCAR O (SA)

SAPO

VOVÓ

SAPA

ESCOLA DA VILA

DATA 23 DE ABRIL DE 1981

NOME ——————————

1- MARCAR UMA BOLA NO (PA)

SAPATO

TUCA

SAPA

2 - MARCAR UMA BOLA NO (TA)

SAPO

PATO

TATU

3- MARCAR UMA BOLA NO (SA)

PIPETA

SAPO

SAPA

ESCOLA DA VILA

DATA: ___ ABRIL DE 1981

NOME: _____

ESSA LIÇÃO FOI O JOÃO QUEM INVENTOU.

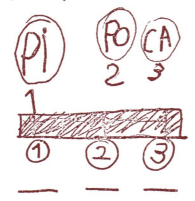

___   ___   ___

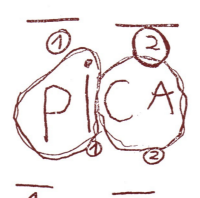

ESCOLA DA VILA

DATA ___ DE MAIO DE 1981

NOME _____

1_ SE – PA – RE AS SÍ-LA-BAS.

AMIGO

___ ___ ___

AMIGA

___ ___ ___

MACACO

___ ___ ___

MACACA

___ ___ ___

FOFOCA

___ ___ ___

ESCOLA   DA   VILA

DATA: ____ DE MAIO DE 1981

1_ SEPARE   AS   SÍLABAS:

AMIGO   AMIGA

_____   _____

MACACO   MACACA

_____   _____

FOFO   FOFA

_____   _____

BOBO   BOBA

_____   _____

São Paulo 19 de maio de 1981

Estamos estudando os planetas,
as estrelas e VULCÃO.
Caso tenham material sobre
esses temas nos enviem
URGENTE!...

Beijão e abraços
de todo mundo dó PRÉ.
Madalena

JOÃO   TULA
ACAUÃ   MAURICIO
DANI   VADICO
ITAMARA   EMILIA
JUJU   ROGÉRIO
MADÁ   AVANA

ESCOLA DA VILA

DATA: ____ DE MAIO DE 1981

NOME: ________________

(1) FAÇA UM CÍRCULO NO (LO)

BOLO

LOBO

LATA

BOLA

(2)- FAÇA UM CÍRCULO NO (LA)

BOLA

BOLO

LOBO

LATA

ESCOLA DA VILA

DATA : **14** DE MAIO DE 1981
NOME : _____

"NÓS FOMOS ONTEM NA CASA DA EMILIA.
FOMOS APRENDER COMO O PAI DA EMILIA TRABA-
LHA NA MARCENÁRIA. ELE FEZ UMA CADEIRA DE
BALANÇO (DE BONECA.) O NOME DO PAI DA EMILIA
É URACI."

O CAMINHO DA CASA DA EMILIA TINHA LADEIRA.
NÓS SUBIMOS E DESCEMOS.
PINTE O CAMINHO, SEM SAIR DA LINHA.

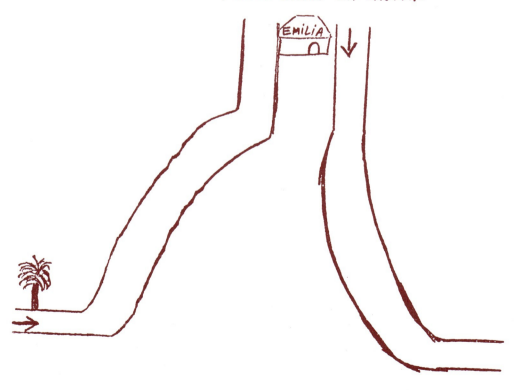

ESCOLA DA VILA
DATA ___ DE MAIO DE 1981
NOME:_____

1_ COMPLETE O QUE FALTA:

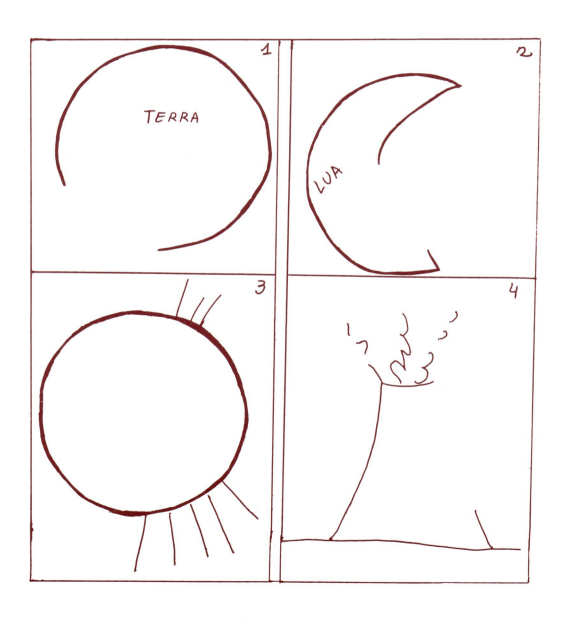

ESCOLA DA VILA

DATA: _____ DE MAIO DE 1981

NOME: _____

O PAI DO JOÃO VEIO TIRAR FOTOGRA-
FIAS DA NOSSA CLASSE. DESENHE A
PARTE DE NOSSA CLASSE QUE VOCE
GOSTA MAIS.

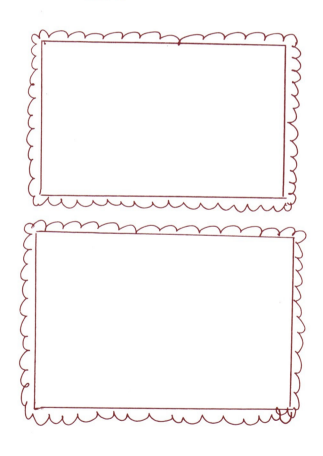

São Paulo 5 de maio de 1981

amanhã nós vamos no
dentista saber "como que
escora os dentes, que
dente já caiu e qual o
que ainda vai cair?
Precisa trazer dinheiro para
pagar a perna. Madalena
depois manda dizer
quanto que é,

Abraços de Todo
mundo do
PRÉ

FIM

ONTEM NÓS FOMOS NO DENTISTA E VIMOS,
TOCAMOS TODOS NOSSOS DENTES.
DESENHE NESSA BOCA TODOS OS
SEUS DENTES. E PODE PINTAR!

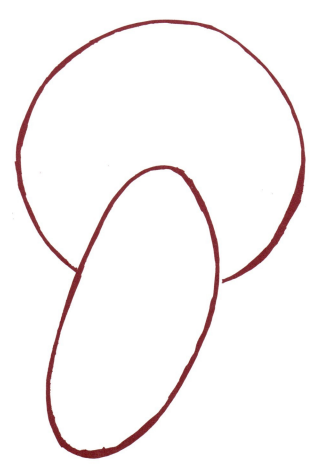

QUANDO NÓS FOMOS NO DENTISTA
GANHAMOS 11 ESCOVAS.
ARRUME AS ESCOVAS DEPOIS QUE
PINTA-LAS, NOS CÍRCULOS.

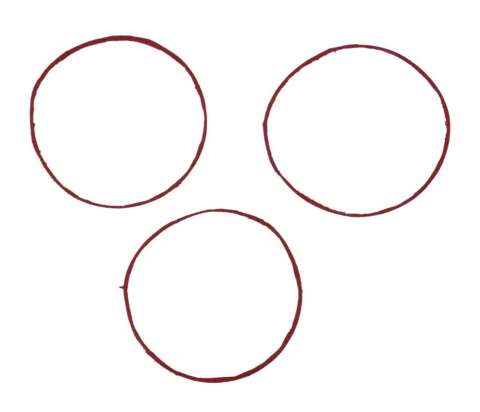

DATA:____ DE JUNHO DE 1981

NOME:
_____

1_ LIGUE OS IGUAIS:

	DAMA
ZORRO	MADA
ZELIA	FADA
ZICO	ZORRO
FOGO	MATA
FACA	ZÉLIA
FOCA	MOTO
FADA	ZORRO
FITA	FACA
MADÁ	MIMI
DAMA	ZICO
MALA	MATO
MATO	FOGO
MATA	MADÁ
MIMI	FITA
MOTO	FOCA
	MALA

ESCOLA DA VILA

DATA   2   DE JUNHO DE 1981

NOME: _____

1_ HOJE O CACHORRO DA MADALENA VEIO NOS VISITAR,
O NOME DELE   É ZORRO

ZORRO

ZÉLIA   ZICO

ESCOLA DA VILA

DATA: 2 DE JUNHO DE 1981

NOME: _____

"ONTEM TEVE UMA BRINCADEIRA DE BARCO.
O BARCO TAMBEM VIRAVA LUA..."

DESENHE VOCE DENTRO DO BARCO
E OS TUBARÕES NO MAR.

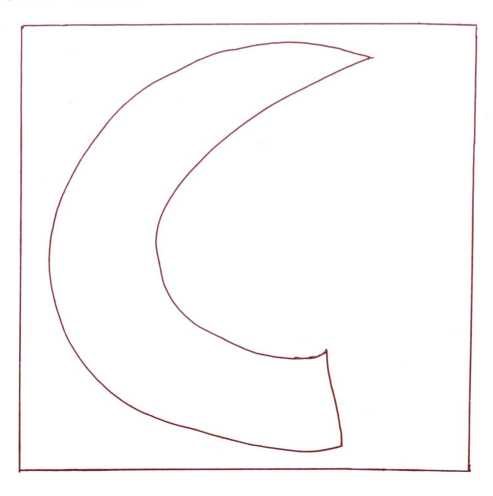

ESCOLA DA VILA

DATA: 11 DE JUNHO DE 1981

NOME: _____

COPIE:

A   (AMA   O   ☼
↓   ↓   ↓   ↓   ↓
___   ___   ___   ___   ___

O   ☼   AMA   A   (
↓   ↓   ↓   ↓   ↓
___   ___   ___   ___   ___

EU   AMO   O   ☼
↓   ↓   ↓   ↓
___   ___   ___   ___

ESCOLA DA VILA

DATA :___ DE AGOSTO DE 1981
NOME:_____

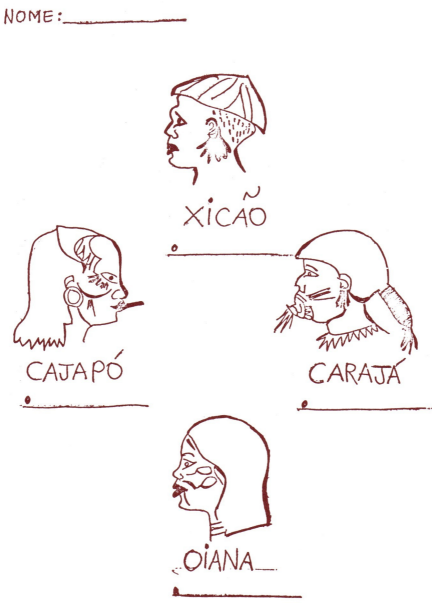

XICÃO

CAJAPÓ

CARAJÁ

OIANA

ESCOLA   DA   VILA

DATA —— DE   AGOSTO   DE   1981

NOME ———————————

ÍNDIO

DADO

DEDO

DIA

DOÍ

DURO

VADICO

VACA

VELA

VIDA

VOVÔ

VULCÃO

DATA: ___ DE AGOSTO DE 1981
NOME: _____

ÍNDIO

UMUTINA

_____

BOTOCUDO

_____

COROADO

_____

BORORO

_____

ESCOLA DA VILA
DATA: ___ DE AGOSTO DE 1981
NOME: _____

(PA)

PIPOCA
PELADO
PAPAI
POUCA
PURO

(TA)

TITIA
TATU
TOCA
TECA
TUDO

ESCOLA DA VILA

DATA: — DE AGOSTO DE 1981

NOME: _____

O CA

MACACO
O CA
CUCO
CUIDADO

LA TA

LAMA
LELÉ
LIA
LOUCO
LUA

ESCOLA DA VILA

DATA: ___ DE AGOSTO 1981

NOME: _____

(FÁ)BIO

FADA
FESTA
FITA
FOGO
FUGA

(BA)LA

BALA
BEBI
BICO
BOLO
BUBU

ESCOLA DA VILA

DATA ___ DE AGOSTO DE 1981

NOME _____

CIDA
LATA
NAVE
CAPA
LEITE
NOITE
COPO
NEVE
LIA
CUCO
NUA
LOUCO
LUTA
NIDIA
OCA
CEDO

CA
•
•
•
•
•

LA
•
•
•
•

NA
•
•
•
•
•

DATA :____ DE AGOSTO DE 1981

NOME :_____

VOVÓ

FOGO

BOLO

VOVÔ

FADA

BALA

VELA

FITA

BIA

VIDA

VACA

FESTA

FURO

BURACO

VULCÃO

BEBI

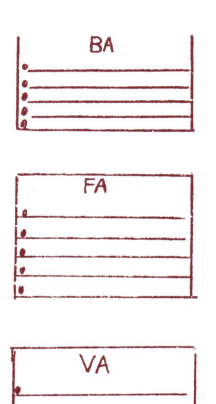

BA

FA

VA

ESCOLA DA VILA

DATA —— DE AGOSTO DE 1981

NOME ————————

1- LEIA

BALA   BETO   BICO   BOLO   BUBU
DADO   DEDO   DIDI   DOI   DUDA
FADA   FELIPE   FITA   FOGO   FURA
LATA   LEITE   LIA   LOUCA   LUTA
MATA   MELADO   MIA   MOTO   MUDA

2- DESENHE A PALAVRA QUE VOCE
   MAIS GOSTOU DE LER.

ESCOLA DA VILA
DATA ___ DE AGOSTO DE 1981
NOME _____

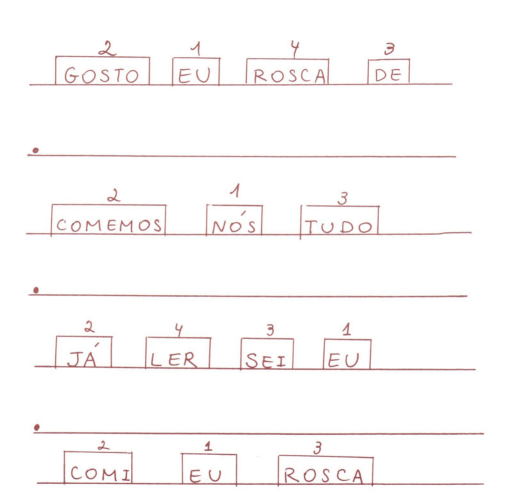

2	1	4	3
GOSTO	EU	ROSCA	DE

●_____

2	1	3
COMEMOS	NÓS	TUDO

●_____

2	4	3	1
JÁ	LER	SEI	EU

●_____

2	1	3
COMI	EU	ROSCA

●_____

ESCOLA DA VILA

DATA —— DE AGOSTO DE 1981

NOME _____

FESTA

1 - COPIÉ

"A FESTA DA TULA FOI BONITA."

☐ ☐ ☐ ☐ ☐ ☐

"EU GOSTO DE FESTA"

☐ ☐ ☐ ☐

"NÓS COMEMOS BOLO"

☐ ☐ ☐

ESCOLA DA VILA

DATA ____ DE AGOSTO DE 1981

NOME _____

1. LEIA AS FRASES E COLE
CADA PALAVRA NO SEU LUGAR.

"O SAPO PULOU NA SAPA"

☐ ☐ ☐ ☐ ☐

"O MENINO COMEU O BOLO"

☐ ☐ ☐ ☐ ☐

"A FOCA COMEU TODO O FOGO."

☐ ☐ ☐ ☐ ☐ ☐

ESCOLA DA VILA

DATA:___ AGOSTO DE 1981

NOME:_____

1ª LEIA AS FRASES E COPIE:

"A ROSCA É DA MADALENA."

• _____

"EU COMI ROSCA"

• _____

"A ROSCA ESTAVA GOSTOSA"

• _____

ESCOLA DA VILA

DATA — DE AGOSTO DE 1981

NOME ————————————

COPIÉ :

"ESTOU LOUCA" ————————

• ————————————————

"EU COMI BANANA" ————————

• ————————————————

"EU TOMEI VITAMINA" ————

• ————————————————

ESCOLA DA VILA

DATA ___ DE OUTUBRO DE 1981
NOME _____

ESCOLA DA VILA

DATA: ____ DE SETEMBRO DE 1981.

NOME: _____

MENINAS = ____

MENINOS = ____

SAPATOS = ____

ESCOLA DA VILA

DATA: ___ DE SETEMBRO DE 1981

NOME: _____

ARRUME

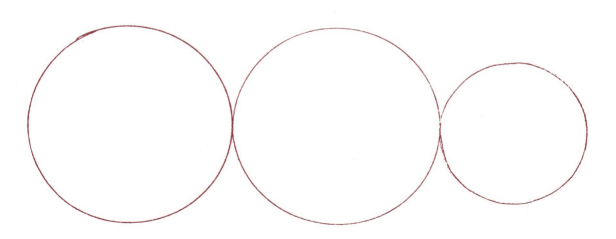

ESCOLA DA VILA

DATA:_____ DE SETEMBRO DE 1981.

NOME:_____

ARRUME OS SAPATOS.

ESCOLA DA VILA

DATA ___ DE SETEMBRO DE 1981
NOME _____

1_COMPLETE:

<u>BOLA</u>

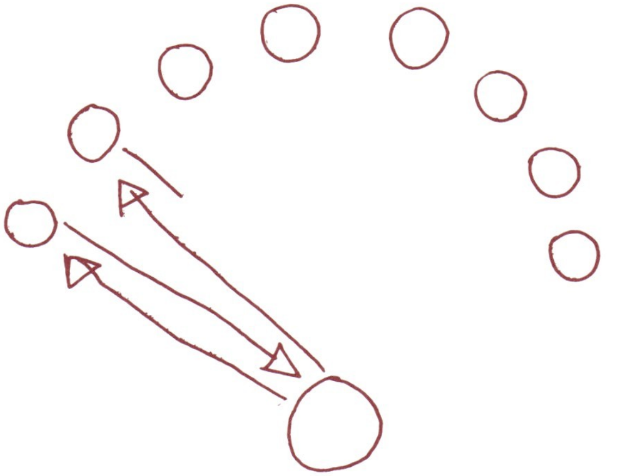

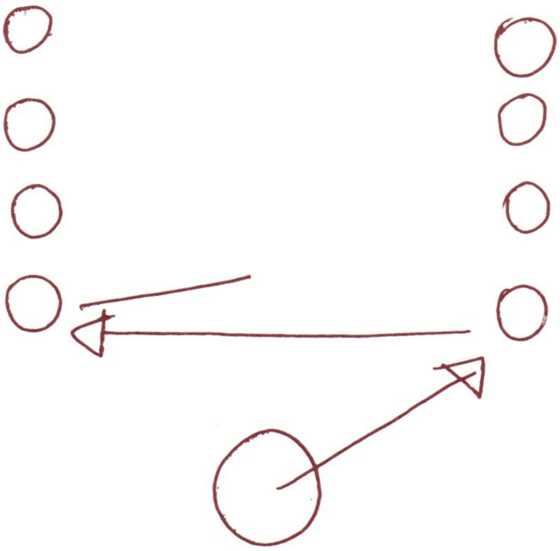

<u>MOLA</u>

DATA: ___ DE SETEMBRO DE 1981

NOME _____

ROSCA

BOLA

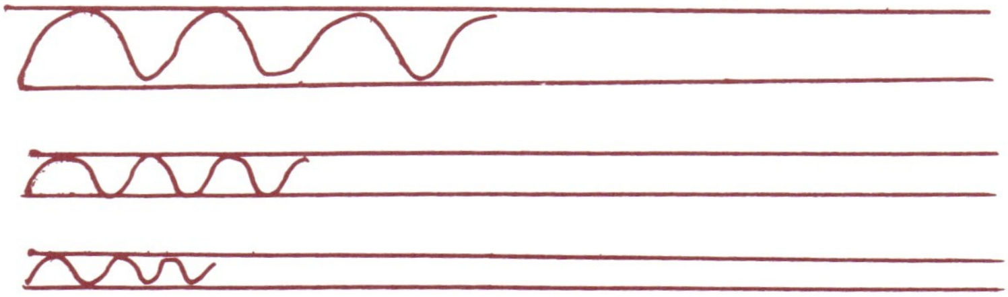

⊕ + ⊕ + ◢ = ___

◢ + ◢ + ◢ + ◢ + ◢ + ◢ + ◢ + ◢ + ◢ = ___

ESCOLA DA VILA

DATA ____ DE AGOSTO DE 1981

NOME _____

1_ COMPLETE AS FRASES:

BONITA   MENINO   NA ESCOLA

BONITO   BOLO   COCA-COLA

MENINA   BOLA   PÃO

A MENINA É _____

O MENINO É _____

EU COMI   _____

EU ESTOU   _____

EU TOMEI   _____

ESCOLA DA VILA

DATA ___ DE AGOSTO DE 1981

NOME _____

1_ COMPLETE AS FRASES:

LOUCA   BANANA

VITAMINA   PIPOCA

BONITO   FEIO

BONITA   COCA

FEIA   SUCO

PÃO   LEITE

EU COMI _____

ESTOU _____

EU TOMEI _____

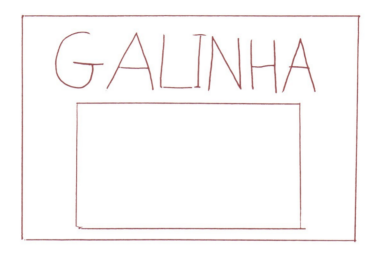

"EU GOSTEI DA GALINHA"

"A GALINHA É MINHA."

"A MINHA GALINHA É BONITA."

"O NINHO É DA GALINHA."

"O OVO DA GALINHA ESTÁ NO NINHO"

"EU ADORO COMER GALINHA"

ESCOLA   DA   VILA

DATA ___ DE SETEMBRO DE 1981

NOME _____

1- LEIA:

"EU GOSTO DE OVO DE PÁSCOA"

"O TATU COME BANANA"

"EU VOU PARA A ESCOLA."

"JOÃO ADORA GELATINA!"

2 - COMPLETE:

"EU GOSTO DE _____ _____ _____"

"O _____ COME BANANA"

"EU VOU PARA _ _____"

"_____ ADORA GELATINA"

3 - DESENHE O QUE QUIZER.

ESCOLA DA VILA

DATA ____ DE SETEMBRO DE 1981

NOME _____

ADORA   BURITI

OVO   COMIA

JOGAVA   BOLA

ROSCA   CIDA

"A CABANA É FEITA DE BURITI"

(JOÃO)

"A FOCA ADORA ROSCA"

(TULA)

"A CIDA COME OVO"

(EMILIA)

"A FOCA COMIA FOGO"

(MAURICIO)

"A FOCA JOGAVA BOLA"

(AVANA.)

ESCOLA DA VILA

DATA —— DE OUTUBRO DE 1981

NOME _____

O PINTINHO DA TAMARA   MORREU.
O PINTINHO DO DANI   NÃO MORREU.
O PINTINHO DO VADICO   MORREU
O PINTINHO DA JUJA   NÃO MORREU
O PINTINHO DO MAU   MORREU
O PINTINHO DO JOÃO   NÃO MORREU
O PINTINHO DA MADÁ   MORREU
O PINTINHO DA EMILIA NÃO MORREU
O PINTINHO DO ACAUÃ   MORREU
O PINTINHO DO ROGÉRIO NÃO MORREU
O PINTINHO DA TULA   NÃO MORREU
O PINTINHO DA AVANA   MORREU

MORTO   VIVO

ESCOLA DA VILA

DATA ___ DE OUTUBRO DE 1981

NOME _____

"EU FUI NA ESCOLA."

"EU GOSTO DE IR NA ESCOLA."

"O SOL QUER SABER TUDO."

"O SOL QUERIA SABER PORQUE A LUA ERA GELADA."

"O SOL DERRETEU A LUA."

"O TATU TOMA SOL."

ESCOLA DA VILA

DATA ____ DE OUTUBRO DE 1981

NOME ____________________

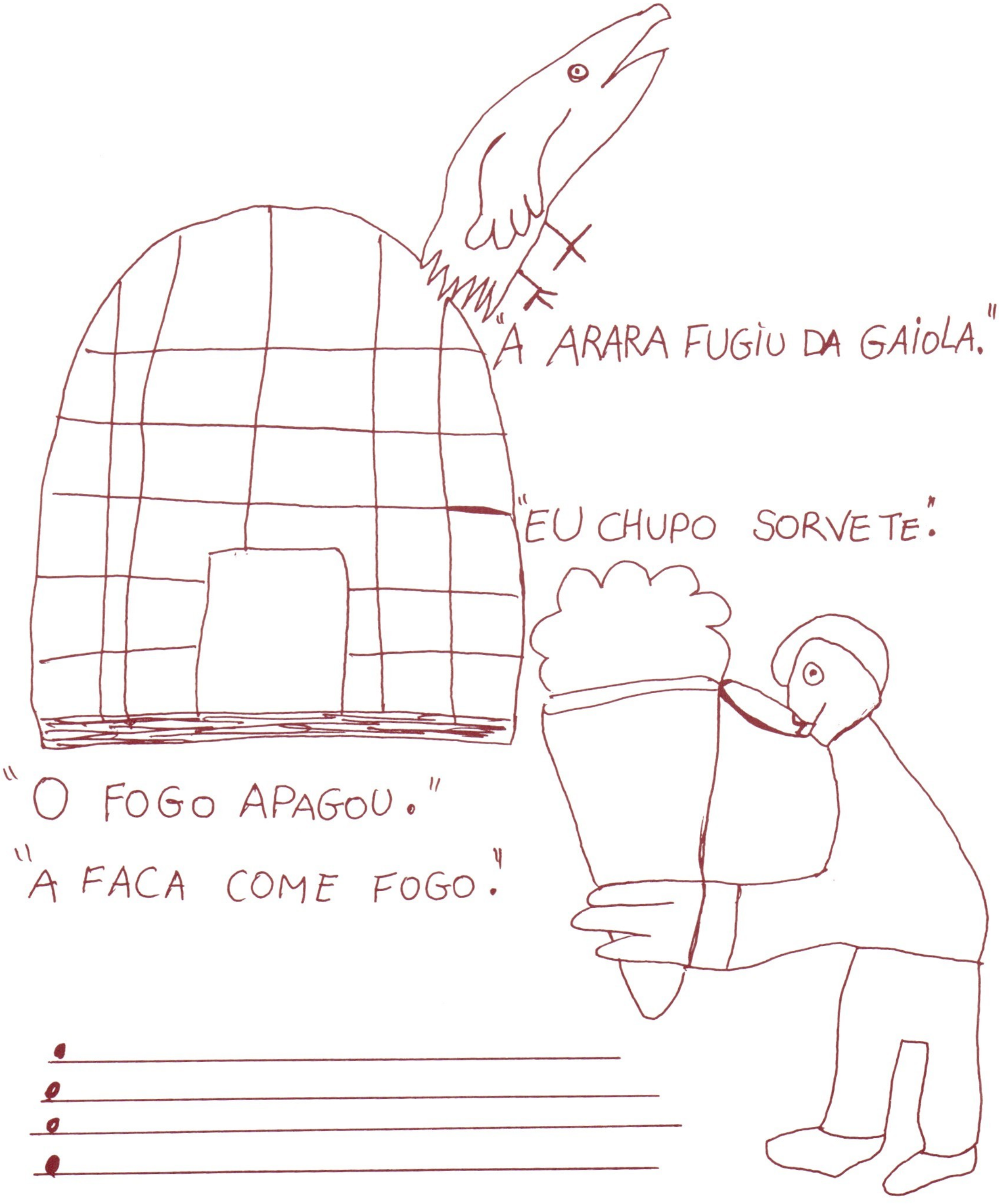

ESCOLA DA VILA

DATA: ___ DE OUTUBRO DE 1981

NOME _____

"EU CHUPO SORVETE"

"EU CHUPEI SORVETE"

"EU GOSTEI DE CHUPAR SORVETE"

"EU ADOREI CHUPAR SORVETE"

PIANO

1 — "NÓS CANTAMOS COM ZÉ MIGUEL."

2 — "ZÉ MIGUEL TOCOU PIANO."

3 — "EU GOSTO DE PIANO."

4 — "EU VI UM PIANO."

5 — "EU VI UM PIANO E GOSTEI."

6 — "O PRÉ FOI NA CASA DO DANI."

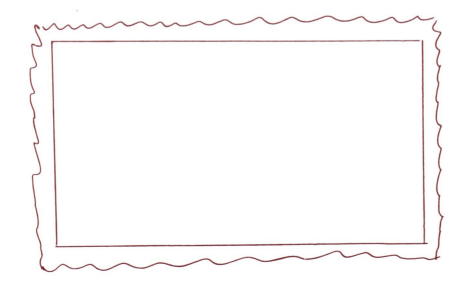

ESCOLA DA VILA

DATA ___ DE OUTUBRO DE 1981
NOME _____

PALHAÇO

1 - "EU VI O PALHAÇO."
2 - "EU FUI NA FESTA."
3 - "EU GOSTEI DA FESTA DA JUJA."
4 - "O PALHAÇO FOI NA FESTA DA JUJA."
5 - "O PALHAÇO DA FESTA DA JUJA FOI LEGAL".
6 - "EU GOSTEI DO PALHAÇO"
7 - "O PALHAÇO NÃO SABIA FAZER MÁGICA."
8 - "O PALHAÇO É LEGAL".
9 - "O PALHAÇO FOI LEGAL."

DATA ___ DE OUTUBRO DE 1981

NOME _____

1 - "O TUBARÃO VIVE NA ÁGUA."

2 - "EU SOU AMIGO DO TUBARÃO."

3 - "EU GOSTO DE TUBARÃO."

4 - "EU TENHO MEDO DE CARNE DE TUBARÃO."

5 - "EU COMI TUBARÃO."

6 - "EU GOSTO DE CARNE DE TUBARÃO."

7 - "O TUBARÃO ESTÁ NA ÁGUA."

8 - "EU GOSTO DO MAR."

9 - "EU TENHO MÊDO DO TUBARÃO."

ESCOLA DA VILA

DATA ___ DE OUTUBRO DE 1981

NOME _____

"ONÇA VIVE NO MATO
NASCEU NO MATO
TEM QUE FICAR NO MATO
ELA COME BICHO
PASSARINHO FICA NA ÁRVORE
ELE ENFEITA A MATA
PEIXE FICA NA ÁGUA
ATÉ QUE ÍNDIO VÁ PESCAR
GENTE SERVE PRÁ TRABALHAR
DORMIR NAMORAR E
TER FILHO."

(CARMEM JUNQUEIRA.)

ESCOLA DA VILA

DATA : 1 DE OUTUBRO DE 1981

NOME : _____

ESTÓRIA DO JOÃO.

"UM   MENINO CHAMADO
   JOÃO SEBASTIÃO
   ADORA COMER PÃO, MELÃO,
   MAMÃO E LIMÃO,
   ELE VEIO NO AVIÃO
   E LEVOU UM ESCORREGÃO NO SABÃO.

   UM MENINO CHAMADO
   JOÃO SEBASTIÃO
   ADORA FAZER LIÇÃO
   MAS MORRE DE MEDO
   DO MEU CÃO CHAMADO SANSÃO.
   JOÃO! JOÃO! JOÃO DO MEU CORAÇÃO
   NÃO TENHA MEDO NÃO!... "

FIM.

"TODO MUNDO DO PRÉ FOI NA CASA DA TULA.

FOI MUITO LEGAL O PASSEIO.

NÓS TRABALHAMOS MUITO MAS NÃO APRENDEMOS FAZER A PULSEIRA AINDA.

VAMOS CONTINUAR NA ESCOLA ATÉ APRENDERMOS.

NA CASA DA TULA TEVE UM LANCHE MUITO GOSTOSO.

AS MENINAS VIERAM NO JIPE DA TULA. E OS MENINOS VIERAM NA 'BURRECA VELHA' DA MADALENA."

FIM.

ONTEM TODO MUNDO FOI VISITAR O TRABALHO DA MÃE DO DANI E DO PAI E DA MÃE DA TAMARA.

PRIMEIRO NÓS BRINCAMOS NO SALÃO QUE TINHA UMA CASINHA, E UMAS CORDAS PARA SE BALANÇAR.

DEPOIS NÓS CONVERSAMOS COM LÚCIA E COM A EVA. ELAS CONTARAM ESTÓRIAS PARA NÓS. A MÃE DO DANI, CONTOU A ESTÓRIA DO "POBRE ADAUTO" E A MÃE DA TAMARA, UMA ESTÓRIA CHAMADA "NINGUEM".

TEVE UM LANCHE SUPER GOSTOSO COM COXINHA, SANDUÍCHE, COCA-COLA, E PAVÊ !

NO FIM VIMOS AS SALAS ONDE A LÚCIA E A EVA TRABALHAM, DEMOS ADEUS PARA O PAI DA TAMARA E VOLTAMOS PARA A ESCOLA,

FIM

"A RAQUEL, MÃE DA JUJA, VEIO
PASSAR UM FILME DE BALEIA PA-
RA NÓS, AQUI NA ESCOLA.
NÓS GOSTAMOS TANTO, QUE ELA
REPETIU O FÍLME TRÉS VEZES!
ELA TAMBEM TROUXE PARA
TODO MUNDO DO PRÉ UM DOCE
MUITO GOSTOSO, DE BANANA
COM SUSPIRO !
NÓS COMEMOS TUDO."

1_ COMPLETE :

    RAQUEL É MÃE DA _____
ELA VEIO PASSAR UM ____ DE BALEIA.
ELA TROUXE UM _____

ONTEM NÓS FOMOS VISITAR O TRABALHO DO PAI E DA MÃE DO ACAUÃ, NO LABORATORIO DA BIOQUÍMICA DA U.S.P.

FOI MUITO LEGAL.

NÓS VIMOS MUITAS MÁQUINAS.

TEVE GENTE QUE GOSTOU MAIS DO MICROSCÓPIO, TEVE GENTE QUE GOSTOU MAIS DA LUPA, TEVE GENTE QUE GOSTOU MAIS DO MISTURADOR, TEVE GENTE QUE GOSTOU MAIS DA GELADEIRA SUPER GELADA, TEVE GENTE QUE GOSTOU MAIS DA SALA GELADA, TEVE GENTE QUE GOSTOU MAIS DA SALA QUENTE.

NÓS TOMAMOS CAFÉ COM BISCOITO E BIS. E NÃO ESQUECEMOS DE TRAZER O LANCHE DO ROGÉRIO E DO JOÃO.

NÓS FOMOS E VOLTAMOS NA "BURRECA VELHA" DA MADALENA.

FIM.

A paixão de conhecer com a vida

Num fim de tarde em 1981 fui buscar meu filho Daniel, que fazia o "pré-primário" na Escola da Vila, e ele me puxou pela mão com muita firmeza para ver a sua sala de aula. Não era um chamado qualquer. Ali estavam acontecendo coisas belamente incomuns: as duas salinhas unidas por uma porta em arco (quartos comuns de casa de classe média na Vila Madalena) passavam por intensas e curtidas metamorfoses. Ovos de borboleta, larvas, casulos, peixes, pássaros, plantas e gatos pulsavam naquele espaço, e o umbral entre as salas tinha virado um arco-íris desenhado em giz.

Além disso os desenhos, os trabalhos em barro, as "palavras-geradoras" (palavras que tematizam vivências do grupo e o guiam na conquista da leitura e da escrita), indicavam que a alfabetização se dava através de uma explosão colorida de "leituras" do mundo: dos bichos, dos astros, do corpo, dos sexos, dos povos e suas culturas. Mais tarde, o teto das salas foi coberto com panos pintados de azul, de nuvens e estrelas, de sol e noite; e o sistema solar, em todos os seus planetas e satélites conhecidos, rebrilhou em bolinhas de isopor penduradas com cordões.

Hoje, eu leio em livro, com a maior emoção, os textos que me emocionavam aquele ano como relatórios da professora Madalena Freire. "A Paixão de Conhecer o Mundo", publicado pela Paz e Terra, é um livro pulsante de vida pela experiência que relata, pelo modo como o faz, pela simplicidade de sua beleza gráfica. As cores da terra, das plantas e da água dividem as três partes do livro: os escritos de Madalena, o "livro de estórias" da classe desenhado coletivamente, e as "lições" produzidas a partir das vivências diárias.

É preciso deixar claro que a relação pedagógica a que se refere "A Paixão de Conhecer o Mundo" está a anos-luz de distância do consumo de "técnicas modernas" que se tornou pedra-de-toque de uma nova burguesia. Não se trata por exemplo de utilizar a energia das crianças para dissipar materiais didáticos, canalizando uma voracidade sem objeto e formando desde já "pequenos consumidores". Mas sim de produzir com elas uma "máquina-do-mundo" à altura de sua curiosidade apaixonada, feita com sucatas e materiais domésticos, investidos de um novo sentido. Aprender é viver transformando, sem fechar as fronteiras entre a vida intelectual e a afetiva, entre a brincadeira e o máximo desafio.

A alfabetização e as noções aritméticas, biológicas, geográficas, histórico-sociais, ou outras, não são tomadas como partes de um programa fixo a ser cumprido previamente, mas como convites a uma vontade de apreensão que se traduz todo o tempo em pensamento concreto. A descoberta da existência de um tubarão raro de doze metros de comprimento, o anequim, leva as crianças a desenharem a fera em seu tamanho natural, transbordando a sala de aula para os corredores e o muro da escola. Com essa viagem exploratória às dimensões do desconhecido, o imaginário de repente ganha corpo e dispara a perseguir o real. A força do anequim (que está na capa do livro de Madalena), sinal da vontade de conhecer espicaçada pelo estranhamento e pela identificação, tornou-se assim uma espécie de emblema do grupo.

As noções de escrita e número são introduzidas passo a passo, mas abrem também novos e seguidos campos de exploração, que podem passar do estudo dos bichos à pesquisa das estrelas, e da pesquisa sobre índios ao problema das trocas comerciais e da origem do dinheiro. Mas as passagens não são aleatórias nem forçadas, e aí acho eu que está a chave da relação pedagógica proposta por Madalena. Os temas novos entram em cena na medida em que representam problemas cruciais que o grupo está se colocando, de forma explícita ou velada. A verdadeira maestria do professor é perceber como, direta ou deslocadamente, as crianças vivem questões emergentes cujas soluções dependem de certos saltos no conhecimento do mundo, inesgotável, ameaçador e fascinante. Uma briga entre meninos, ou então a clássica rivalidade entre o grupo das meninas e o dos meninos, separados e desejantes, temerosos de se aproximarem, nessa idade, mas querendo mais que tudo se achegarem, são matérias de desafio e conhecimento. Nesse caso, a professora lança pontes no abismo da diferença sexual, que vão gerando novas relações, como o "cachimbo da paz" na hora do lanche, certas cantigas de abecedário que além de promover a alfabetização funcionam como passa-anel dos afetos secretos, fluindo daí para o baile, o teatro, o confronto com a nudez, e a dramatização espontânea do parto e do nascimento, que estava na origem da angústia que separava o grupo. Atenta ao movimento de corpo, Madalena observa que a tensão e o repouso das crianças em roda, vividas ao longo de uma conversa sobre a nudez, tem semelhança com certo brinquedo de mola, e com a forma do rocambole (!), que em seguida é preparado e comido pelo grupo.

São alguns exemplos de um procedimento de expansão que faz com que a alfabetização seja levada a efeito como um ato de apropriação das próprias crianças, "gestada na vida, no todo das experiências de cada um, no entendimento e na leitura do mundo". Ela passa pelos movimentos de procurar, fabricar, comer, trocar, ir à rua (ao planetário, ao Butantã, ao trabalho dos pais). O professor tem que provocar, organizar, agitar e "garantir" a explicitação da vontade de todos. Propor e deixar acontecer: só assim foi possível viver em classe, ao longo do tempo necessário, a transformação real do ovo em larva, em taturana, em casulo e em borboleta que saiu **voando** pela janela. Esse fato é a indicação simbólica de um outro *processo*, alquimicamente paralelo: a maturação subjetiva faz seu caminho invisível passo a passo, até **poder** saltar para o exterior em manifestação visível.

Madalena, filha de Paulo Freire, realiza um belo desenvolvimento do trabalho de seu pai no que este trabalho tem de mais feminino, maternal e utópico: entendendo como utópica a demonstração de que a liberdade é possível, não como modelo pronto, mas como pulsação expansiva e generosa que *afirma em ato* que o mundo pode ser transformado. E como dizia Reich, a humanidade dependeria de salvarmos as crianças do assassinato a que são submetidas diariamente pelas violências da pobreza, da repressão familiar e escolar, e agora dos golpes do cataclisma urbano.

"A Paixão de Conhecer o Mundo" é mais um exemplo, desses que algumas mulheres vêm dando, da transformação da teoria (pedagógica, psicológica-política) em discurso de ação interpessoal que respeita a multiplicidade das falas, sem tralha abstrata e sem distância acadêmica. Nesse sentido comparo-o com "Memória e sociedade (lembrança de velhos)", de Eclea Bosi. Tudo o que se diz nele não deve ser tomado como modelo a ser aplicado literalmente, mas como *matriz irrepetível* de um evento inspirador que não dá para fazer igual, assim como nunca bebemos duas vezes na mesma fonte nem nos banhamos duas vezes no mesmo rio. "(...) a busca do conhecimento não é preparação para nada, e sim VIDA, aqui e agora. E é esta vida que precisa ser resgatada (...)". Uma dessas verdades tão simples e tão *cristalina* que, muitas vezes não conseguimos vê-las. Pudera. Como diz uma lenda, "na raiz cega deste espanto/ há um cristal. (...) Quem o fitar ficará lúcido para sempre" (de um poema de Orídes Fontela).

JOSÉ MIGUEL WISNIK

Folha de São Paulo

IMPRESSÃO E ACABAMENTO